KI-SEKI

153 x 115 x 3.18 cm, PIGMENTOS MINERAIS, TINTA SUMI,
PRATA E OURO SOBRE PAPEL KUMOHADA, 2014
POR MAKOTO FUJIMURA

Ki-Seki © 2014 Makoto Fujimura

"Para Makoto Fujimura, cuidar das almas de forma intensa é um modo de vida. Através de suas magníficas pinturas, profundos ensaios e liderança mais ampla, em organizações como o National Council on the Arts e o Brehm Center no Seminário Fuller, Fujimura nutre silenciosa e consistentemente artistas e pessoas que ama tanto dentro quanto fora da igreja. Neste livro vivificante, ele cultiva práticas que nos ajudam a honrar a Deus cuidando da alma de nossa cultura."

Philip Ryken, presidente do Wheaton College

"Em sua generosa e inspiradora obra *Cuidado cultural*, o artista Mako Fujimura sugere que nossa cultura comum não é um território a ser capturado, mas um jardim a ser cultivado, necessitando da nutrição da criatividade, da comunidade, da conexão e da criação de beleza. É um chamado cheio de graça para transformar espadas em arados e assumir o trabalho de cultivar nosso jardim comum".

Cherie Harder, presidente do The Trinity Forum

"Em que tipo de cultura desejamos viver e como chegamos lá a partir daqui? Essa é a questão central abordada em *Cuidado cultural*, um livro repleto de bondade e generosidade. É um livro que vai além da imaginação para a criação. Ele sugere e exemplifica formas de ser que podem ajudar a criar bem-estar. O que seria o oposto de um ciclo vicioso – um ciclo benevolente, humano e autopotencializador? Precisamos de um termo. Precisamos dele para nomear o efeito que este sábio livro pode ter se o lermos, compartilharmos, vivermos."

Robert Schultz, escritor, artista, Professor de Inglês em John P. Fishwick, Roanoke College

"Com muita compaixão e coragem, Makoto nos obriga a levar a sério nosso chamado de cuidar e cultivar o solo cultural em que residimos. Ele nos encoraja a ver o cuidado cultural como uma alternativa bíblica contra a cultura predominante de ansiedade e escassez. Esta é uma postura que todo seguidor de Jesus deve cultivar para incorporar o evangelho".

Mark Raja, designer, cofundador do Integrated Arts Movement, Bangalore

CUIDADO CULTURAL

MAKOTO FUJIMURA

CUIDADO CULTURAL

Thomas Nelson
BRASIL®

BUSCANDO A BELEZA
PARA A VIDA EM COMUM

Título original: *Culture care: reconnecting with beauty for our common life*

Copyright © 2017 por Makoto Fujimura

Copyright da tradução © Vida Melhor Editora S.A, 2024.

Kaleidoscopic: © Yoshinori Kuwahara/Getty Images

Plant: © Antonio Trogu/EyeEm/Getty Images

Ki-Seki © 2014 Makoto Fujimura, pigmentos minerais, tinta Sumi, prata e ouro sobre papel Kumohada, 153 x 115 x 3.18 cm, coleção particular

Edição original por InterVarsity Press

Todos os direitos reservados.

PUBLISHER	Samuel Coto
COORDENADOR EDITORIAL	André Lodos
EDITOR	Guilherme Lorenzetti
ASSISTENTE EDITORIAL	Giovanna Staggemeier
ESTAGIÁRIA EDITORIAL	Bruna Cavalieri
TRADUÇÃO	Rodolfo Amorim
PREPARAÇÃO	Danny Charao
REVISÃO	Jean Xavier
ADAPTAÇÃO DE CAPA	Rafael Brum
DIAGRAMAÇÃO	Caio Cardoso

Os pontos de vista desta obra são de total responsabilidade de sua autora, não refletindo necessariamente a posição da Thomas Nelson Brasil, da HarperCollins Christian Publishing ou de sua equipe editorial.

As citações bíblicas são da Nova Versão Internacional (NVI), da Biblica Inc., a menos que seja especificada outra versão.

Dados Internacionais de Catalogação na Publicação (CIP)

F971c   Fujimura, Makoto

1. ed.   Cuidado cultural / Makoto Fujimura; tradução Rodolfo Amorim. – 1. ed. – Rio de Janeiro: Thomas Nelson Brasil, 2024.

        176 p.; 13,5 x 20,8 cm.

        Título original: Cultural care.

        ISBN: 978-65-5689-758-5

        1. Arte e filosofia. 2. Arte e religião. 3. Fujimura, Makoto, 1960 – Ética e filosofia. 4. Fujimura, Makoto, 1960 – Religião. I. Amorim, Rodolfo. II. Título.

11-2023/102   CDD 759.13

Índice para catálogo sistemático:

1. Arte e religião 759.13

Bibliotecária : Aline Graziele Benitez CRB-1/3129

Thomas Nelson Brasil é uma marca licenciada à Vida Melhor Editora LTDA.

Todos os direitos reservados à Vida Melhor Editora LTDA.

Rua da Quitanda, 86, sala 218 – Centro

Rio de Janeiro – RJ – CEP 20091-005

Tel.: (21) 3175-1030

www.thomasnelson.com.br

Dedicado àqueles que plantaram sementes de geratividade em minha vida, começando com Judy e meus pais.

Sumário

Agradecimentos, 10

Prólogo de Mark Labberton, 11

Prefácio, 15

Prefácio à edição brasileira, 19

1. Sobre tornar-se gerativo, 23
2. A definição de cuidado cultural, 31
3. Rio negro, terras rachadas, 39
4. Das guerras culturais a uma vida comum, 51
5. Cuidado da alma, 57
6. Beleza como alimento para a alma, 63
7. Liderança a partir das margens, 73
8. "Conte-lhes sobre o sonho!", 77
9. Duas vidas nas margens, 87
10. Nosso chamado na noite estrelada, 95
11. Abrindo os portões, 103
12. Cultivando o solo cultural, 111
13. Estuários culturais, 121
14. Guardiões do cuidado cultural, 129
15. Cuidado empresarial, 135
16. Conselhos práticos para artistas, 139
17. Cultivando nosso solo cultural na era da ansiedade, 147
18. Novos vocabulários, novas histórias, 155
19. E se?, 159
20. O último buquê, 161

Um posfácio gratuito, 163

Guia de discussão, 165

Agradecimentos

Cuidado cultural foi inicialmente financiado como uma publicação do International Arts Movement. Gostaria de agradecer a Ann Smith por seu cuidado no processo de edição inicial, Peter Edman por suas extensas contribuições editoriais e Lindsay Kolk por seu belo *design* do livro original. Também sou grato a Amy Jones e Mark Rodgers, do Wedgwood Circle, por seu incentivo para publicar o livreto introdutório ao cuidado cultural chamado *On Becoming Generative*, à equipe de impressão da Deschamps por imprimir o livreto premiado e às muitas pessoas que apoiaram a campanha Kickstarter tornando possível a publicação deste livro. Agradeço também à diretoria e à equipe do International Arts Movement, do passado e do presente, por seus valores exemplares de cuidado cultural, mesmo antes de nomeá-los, particularmente Chris e Barbara Giammona por seu apoio à criação deste livro. Amy Dwyer, Joe Gallegher e muitos outros foram fundamentais ao me ajudarem a arranjar tempo para trabalhar neste livro. Sou grato por meu novo cargo no Brehm Center, sob a visão do presidente Mark Labberton, para implementar valores de cuidado cultural na educação do Seminário Fuller. O Fujimura Institute traz os valores do cuidado cultural para a academia, e os Fujimura Fellows do Brehm|Fujimura Studios colocam em ação o cuidado cultural em ação nas igrejas e no mundo. Estou animado com o nosso futuro juntos.

Também sou grato por minha esposa e meus filhos, que são lembretes constantes de beleza para mim.

Prólogo

Mark Labberton

Em um mundo que é simultaneamente belo e afligido, glorioso e maltratado, vibrante e angustiado, muitos perguntam: Há esperança? Com o que ela se parece? Onde estaria? O que ela seria?

A esperança, antes de tudo, deve ser realista. Ou seja, a esperança pode somente ser esperança se admitir aquilo que é mais obscuro enquanto se dirige para a luz. Nada que seja superficial, cego ou protegido em relação à profundidade do desespero poderia ser um candidato à esperança. Se a esperança não se tornou primeiramente tácita diante da profundidade do mal e da perda, então essa oferta rasa e bidimensional é mais escandalosa do que frutífera. O realístico não se preocupa tanto com a praticidade quanto com a veracidade.

Da mesma forma, a esperança geralmente demanda tempo para amadurecer. Em geral, soluções rápidas não são páreas para o sofrimento prolongado. Em vez disso, a história da esperança é muitas vezes longa, com reviravoltas inesperadas, tanto com passos para a frente quanto, muitas vezes, com passos para trás. O tempo pode ser tanto uma ameaça quanto um amigo para a esperança. A injustiça, por exemplo, tem de ser desmantelada de forma tediosa, não explosiva. Isso muitas vezes é irritante, mas verdadeiro. A esperança é mais um plano de tratamento do que um simples ajuste: em outras palavras, a esperança demanda tempo para reconduzir em direção à cura.

A esperança é disruptiva, contrária às correntes de vento dominantes, interrompendo o que já estava mapeado – uma força dissonante empurrando com criatividade e verdade, em

12 Cuidado cultural

direções que muitos podem pensar não serem possíveis e nem almejadas. Nesse sentido, quando a esperança chega, ela surge como uma surpresa há muito desejada, aproximando-se como uma brisa inesperada ou alguma boa e imprevista visita. A esperança chega em vislumbres, quase nunca em sua totalidade. As necessidades existem em muitos níveis e em distintas dimensões. Assim, é improvável que a real esperança esteja presente simultaneamente para todas as necessidades vigentes. E, embora a esperança tenha inícios e conversões críticas e sinuosas, muitas vezes é difícil enxergar a esperança com clareza, pois ninguém possui visão suficiente para apreender o todo – ou mesmo as evidências mais fundamentais de sua chegada. A esperança e o desespero estão próximos um do outro, mas a esperança ainda pode surgir envolta em mistério.

A visão de Makoto Fujimura acerca do cuidado cultural carrega todas as marcas de uma esperança articulada, plena em sua forma e muito mais. O testemunho de esperança de Mako é confiante, mas não é superficial; é seguro, mas não presunçoso; é pessoal, mas não privado. A razão pela qual esse testemunho pode ser todas essas coisas é que a visão de esperança de Mako centra-se no Deus que mantém toda a realidade no amor de Jesus Cristo. Nada nem ninguém está fora do alcance de um Deus compassivo e justo.

Deus, esse Artista divino, presta atenção à criação na amplitude de seu alcance. Deus realizou sua criação em liberdade e para a liberdade. Nisso reside a grande alegria ao lado da dolorosa tristeza de nossa condição humana. Nosso mundo conturbado e dolorido claramente espera e sofre no contexto da bondade marcada por Deus e do pecado marcado pelo homem.

O cuidado cultural explora a vocação de toda a humanidade, com um chamado especial àqueles que procuram atender ao próximo em nome de Deus. Esta é a obra de todos, mas principalmente dos artistas que veem, sentem e encarnam a história de nossa beleza e nosso sofrimento, nosso anseio, raiva, dor e esperança.

Artistas, aqueles a quem Mako chama de "espreitadores--de-fronteiras", vivem e trabalham no limite, à margem da convenção social, onde contribuem com percepções poderosas, alertas, reflexões e anseios em relação à nossa situação humana. Seu trabalho estabelece a urgência das artes como testemunhos honestos e corajosos de sofrimento e esperança. Artistas que fazem esse trabalho por causa da influência gerativa de sua fé cristã podem ser fontes de honestidade e coragem nessas tarefas vitais.

A ampla visão de Mako sobre o cuidado cultural cativa nossa imaginação, estimula nossa esperança e aumenta nosso desejo por um mundo renovado pela realidade da luz e do amor de Deus. Este é o trabalho da Igreja no contexto de hoje. Seja dentro ou fora dos limites de um santuário ou congregação, o cuidado cultural é nossa vocação e missão.

O papel de Mako no Fuller Theological Seminary como diretor do Brehm Center for Worship, Theology, and the Arts é um presente inestimável e necessário para que nós, do Fuller, cumpramos nosso objetivo na formação de líderes globais para vocações do reino. Como esse trabalho transformador poderia ser realizado sem as artes? Como seria sem essa afirmação fundamental e prática da imaginação criativa em ação? Isso é o que é necessário para viver o chamado de Deus em todos os tempos e lugares em que nossos professores e ex-alunos se espalharão em nome de Cristo.

O cuidado cultural é a efluência imaginativa de ser um fiel seguidor de Jesus em qualquer tempo ou lugar. É a esperança nascida em locais onde a esperança, que é esperança de fato, deve ser realista, lenta, disruptiva e dosada. A visão abrangente, inspiradora, humilde e ousada de Mako é vivificante porque é isso que a vida deve ser. O cuidado cultural é necessário em todos os lugares.

Prefácio

Este é um livro para artistas, mas os artistas surgem em muitas formas. Qualquer pessoa com um chamado para criar – de artistas visuais, músicos, escritores e atores a empreendedores, pastores e homens de negócio – se identificará com sua mensagem. Este livro é para qualquer um que sinta a divisão cultural, especialmente aqueles com desejo ou talento artístico de ultrapassar fronteiras com compreensão, reconciliação e cura. É um livro para qualquer pessoa apaixonada pelas artes, para apoiadores das artes e para catalisadores criativos que entendem o quanto a cultura que todos compartilhamos afeta o florescimento humano hoje e molda as gerações vindouras.

O cuidado cultural, embora seja uma tese que desenvolvi, é um movimento já em andamento na cultura em vários círculos. Em certo sentido, este livro não é novo ou único; o International Arts Movement, o Fujimura Institute e o Brehm Center fazem parte de todo um ecossistema de um movimento mais amplo. Contudo, tendo reconhecido isso, este é um livro que encara uma terrível cisão em nossa sociedade: à nossa cultura é concedida a esperança de restauração e da nova criação por vir. Assim como o movimento de cuidado da criação, que zela pelo meio ambiente, e os conceitos de cuidado da alma, articulados por profissionais em saúde mental e crescimento espiritual, este livro sobre o cuidado cultural apresenta uma estrutura conceitual necessária e as primícias de respostas práticas para reparar a cisão. Este é um livro destinado a inspirar indivíduos e informar o movimento mais amplo na oferta de cuidados, para que nos tornemos cocriadores com o Artista divino rumo à nova criação.

16 Cuidado cultural

Desde a publicação de meu pequeno livreto chamado *On Becoming Generative: An Introduction to Culture Care* (incluído com pequenas adaptações aqui), muito já aconteceu em conversas públicas sobre o tema da cultura. Enquanto trabalhava neste livro, encontrei-me com James Davison Hunter, um sociólogo amplamente conhecido por seu trabalho inovador sobre as guerras culturais americanas, no Institute for Advanced Studies in Culture da Universidade da Virgínia. Hunter afirmou essa jornada em direção ao cuidado cultural, observando que a poesia (e as artes em geral) e o pensamento gerativo são fundamentais para que nossa sociedade inicie um redirecionamento se afastando de nossas corrosivas batalhas culturais.

Embora eu baseie meus pensamentos e minhas aplicações em uma perspectiva cristã e muitas vezes trabalhe com pessoas dentro de comunidades cristãs, essa tese não se limita aos cristãos. Os princípios do cuidado cultural podem ser adotados universalmente. Eles dependem apenas do desenvolvimento de habilidades para que pessoas possam ouvir a cultura mais ampla e, assim, tornem-se servos amorosos da cultura, em vez de tratá-la como território a ser conquistado.

Algumas pessoas podem considerar o que chamo de perspectiva cristã como algo discutível, nebuloso, sem sentido ou mesmo ofensivo. Ouso, entretanto, sugerir que este livro pode ser útil até mesmo para essas pessoas. Como explicarei, minha tese, que flui de minha peregrinação com Jesus de Nazaré, conduziu-me a uma jornada mais ampla, descobrindo meu papel como "espreitador-de-fronteiras" e movendo-me por entre variadas instituições artísticas, igrejas e outras organizações. Escrevo esta obra a partir da margem de todas essas diversas formas de infraestrutura, esperando falar ao coração de todos aqueles que desejam buscar a verdade e preencher o mundo com beleza novamente.

Duas palavras de agradecimento se fazem, no momento, necessárias: a faísca inicial que conduziu à cunhagem do

Prefácio 17

termo "cuidado cultural" veio de meu amigo e editor executivo Caleb Seeling. Foi em um carro, em uma estrada sinuosa até o Aspen Institute, que ele sugeriu que eu pensasse em escrever este livro. Agradeço também a Mark Rodgers e Amy Jones, do Wedgwood Circle, por iniciarem a impressão do primeiro livreto acerca do cuidado cultural, que atraiu tanta atenção.

Prefácio à Edição Brasileira

Marcos Almeida

Eu leio Rookmaaker, mas não paro nele. Em 2010, o nosso grande holandês começava a ser pesquisado em solo brasileiro. Se disponibilizavam dois ou três links em português sobre quem era mesmo esse sujeito, a gente já agradecia aos anjos da internet. Mais de uma década depois de ter escrito aquela canção, reconheço o autor da famosa frase "a arte não precisa de justificativa" como um verdadeiro libertador. Também poderíamos chamá-lo de espreitador de fronteiras, para usarmos um conceito central neste livro de Makoto Fujimura, que acabo de ler e começo, agora, a prefaciar.

Relembrar um marco zero, para tantos artistas brasileiros, é também afirmar que caminhamos. Os professores e seus alunos habitam o espaço entre tradição e traição. O processo de ensino e aprendizagem envolve confiança e contestação. A prova de que a escola de Rembrandt foi boa para nós está na liberdade de consciência que se expande, e na nossa brasilidade que agora reconhece seu próprio rosto no espelho, estando pronta para novos desafios. O maior deles é este: precisamos abrir um corredor humanitário no meio das guerras culturais. "Cuidado Cultural" chega em uma boa hora!

O biógrafo Richard Zenith nos conta que Fernando Pessoa jogou uma folha de papel dentro da misteriosa arca guardada pelo poeta em sua casa, escondida junto aos mais de 300 poemas que foram tornados públicos após a sua morte. Naquela folha, descoberta recentemente, ele citava uma Bíblia portuguesa traduzida da Vulgata, exatamente assim: "Eu me fiz tudo pra todos, a fim de salvar a todos". Para o pesquisador, este

20 Cuidado cultural

achado explica a criação dos heterônimos por Pessoa e sugere, em suas palavras, que "tanto ele como a sua obra não eram nada se não fossem para os outros". Esse é um exemplo que alcança o âmago da proposta de Makoto. A cultura não é um território a ser conquistado, mas um jardim a ser cultivado. O livro que você tem em mãos conclama a todos para que nos tornemos servos amorosos da cultura, um serviço que poderá se dar muitas vezes de forma anônima.

Em uma passagem tocante de sua tese, Fujimura relembra a história de Emily Dickinson. Tida por muitos como a mais importante voz feminina da poesia de língua inglesa, ela escreveu cerca de 1.800 poemas e trocou cartas com diversos amigos escritores e intelectuais, na reclusão de seu quarto. Tinha suas razões para fugir da "obrigação" de publicar a sua obra. No fascículo trinta e sete ela escreve, entre travessões: "Publicação — é o Leilão / Da Mente humana — / Pobreza — até justifica / Coisa tão desumana". É preciso reconhecer que as guerras culturais são financiadas, antes de tudo, por uma ideia de arte subordinada ao mercado e suas urgências. Mostrando-se atualizadíssimo com as conversas sobre o assunto, o autor do presente livro relembra ao público brasileiro o brilhante poeta, tradutor e crítico da cultura, Lewis Hyde, para quem "toda obra de arte é uma doação, não uma mercadoria".

Este livro é, sobretudo, pastoral. Repleto de testemunhos históricos e pessoais, além de ótimos conselhos, o texto pode se tornar ponto de partida para boas conversas em comunidades que desejam cultivar um ambiente de plenitude onde o Bom Pastor, descrito em João 10, possa ser experimentado. Aprender a ouvir a Voz que nos chama pelo nome, que nos conduz estabelecendo ritmos e estações, que dá a própria vida pelas ovelhas daqui e de além do aprisco, são objetivos a serem alcançados. Somos lembrados que culto e cultura estão intimamente ligados.

Olhando de uma janela mais distante, é provável que vejamos certo despertar para as questões culturais entre os

Prefácio à Edição Brasileira **21**

cristãos brasileiros, e isso deveria ser motivo de celebração. Mas, ao chegar um pouco mais perto, nos assusta a mentalidade ainda maniqueísta, e muitas vezes rancorosa, que resulta em ingredientes explosivos para o desenvolvimento de respostas triunfalistas, de espírito belicoso, capaz de isolar cada vez mais a comunidade cristã em trincheiras que dividem nosso solo cultural. Minha suspeita é que este livro foi escrito especialmente para quem se vê caminhando sobre uma terra seca e arrasada.

No entanto, a água capaz de molhar a terra e encher os rios não nasce do chão, nem da montanha. Ela é uma nuvem e as nuvens são rios que aprenderam a voar. O fotógrafo brasileiro mais conhecido no mundo, Sebastião Salgado, descobriu isso quando ouviu de Lélia, sua esposa, uma ideia audaciosa: "e se a gente replantar uma floresta aqui?" O cenário era de degradação ambiental. Olhavam para a antiga fazenda de gado adquirida pelo pai de Sebastião e não viam sequer uma árvore no que antes era inteiramente coberto pela Mata Atlântica, na bacia do Rio Doce, que nesse momento se convalescia - um fio fraco de água suja. Aqui estava o segredo: se a água nasce de um rio aéreo em forma de nuvem, em algum momento ele precipita e chove. É esperado que a natureza tenha capacidade de reter essa umidade no solo. Para isso, ela precisa de árvores, especialmente no entorno das nascentes. Do contrário, você perde toda a água da chuva.

Para recuperar a nascente, eles plantaram entre 250 e 350 árvores em um perímetro um pouco inferior a um hectare, e depois a cercaram. Hoje, perto de 2 mil nascentes estão em processo de recuperação e a antiga fazenda de gado voltou a ser floresta com toda sua diversidade — até os bichos voltaram! A cidade mineira de Aimorés viu nascer o Instituto Terra e, junto a ele, uma das mais bem sucedidas iniciativas de recuperação ambiental. O teólogo Justo González já nos ensinou que entre o culto e a cultura existe o cultivo. Por isso, a cultura é resultado daquilo que nós fazemos com a terra que recebemos.

22   Cuidado cultural

Percebendo isso, o autor da presente obra tem se dedicado à jardinagem; é uma analogia viva, que procura cultivar o solo certo para o seu jardim. Este é um livro-semente capaz de gerar vida em nossos campos. Muitas histórias brasileiras se entrelaçam com a proposta do jardineiro Makoto Fujimura. Você vai perceber isso enquanto estiver lendo o texto.

Estuários me lançaram ao movimento Mangue Beat. William Blake apareceu com Joaquim Nabuco na Inglaterra, atravessando as portas da beleza redentiva. Dickinson se abraçava com Ana Cristina Cesar e, quando o autor disse que o cuidado cultural enfatiza o bem comum, lembrei do nosso Nheengatu, uma língua do Brasil falada por indígenas, negros, brancos e mestiços durante séculos. A experiência brasileira pode em muito enriquecer a leitura dessa obra. Somos capazes de trazer de volta as nuances e a sofisticação em um mundo que precisa se reencontrar com a esperança.

1

Sobre tornar-se gerativo

TRAZENDO BELEZA PARA NOSSAS VIDAS

Como recém-casados, minha esposa e eu começamos nossa jornada com muito pouco. Depois que Judy e eu nos casamos no verão de 1983, após a faculdade, mudamo-nos para Connecticut para Judy fazer seu mestrado em aconselhamento matrimonial. Eu ensinava em uma escola de educação especial e pintava em casa. Tínhamos um orçamento apertado e muitas vezes tínhamos que racionar nossa comida (muitas latas de atum!) para sobrevivermos à semana.

Uma noite estava sentado sozinho, esperando Judy voltar para o nosso pequeno apartamento, preocupado com como iríamos pagar o aluguel e as demandas do fim de semana. Nossa geladeira estava vazia e eu não tinha mais dinheiro.

Então Judy entrou e trouxe para casa um buquê de flores. Eu fiquei realmente chateado.

"Como pode pensar em comprar flores se não podemos sequer comer!" Lembro-me de dizer, frustrado.

A resposta de Judy está gravada em meu coração há mais de trinta anos.

"Precisamos alimentar também nossas almas."

A ironia é que sou um artista. Eu sou aquele, supostamente, alimentando a alma das pessoas. Entretanto, ao me preocupar com o amanhã, na responsabilidade estoica que senti de pagar as contas, de sobreviver, falhei em ser artista. Judy foi a artista: ela trouxe para casa um buquê.

Não me lembro o que acabamos comendo naquele dia ou naquele mês (provavelmente atum). Contudo, lembro-me daquele buquê de flores em particular. Eu os pintei. "*Precisamos* alimentar também nossas almas." Essas palavras ainda ressoam em mim hoje.

Judy ainda está certa? Nós, como seres humanos, precisamos mais do que comida e abrigo? Precisamos de beleza em nossas vidas? Em face aos nossos recursos escassos, como cultivamos e cuidamos de nossas almas? E como essas questões se aplicam à cultura mais ampla?

Minha vida como artista e como fundador do International Arts Movement (IAM) tem perseguido questões como essas – não apenas internamente ou para meu próprio bem, mas com uma crescente rede global de pessoas. O que começou como um reconhecimento do meu próprio fracasso em ser artista veio a originar muitos princípios que governam minha vida como artista, pai, marido e líder. Eu os chamo de princípios gerativos. O que começou como o cuidado de Judy por nossas próprias almas floresceu em um esforço para estender esse cuidado em nosso lar e nossas igrejas, e em uma visão para a cultura em geral. O que chamo de cuidado cultural é uma abordagem gerativa da cultura que traz buquês de flores para uma cultura desprovida de beleza.

A JORNADA DE UM ARTISTA PARA A GERATIVIDADE

Descobri que o que sou chamado a fazer muitas vezes parece impossível. Como posso ganhar a vida como artista? Como posso sustentar minha família como artista? Como posso apoiar um movimento crescente como artista? Esses desafios parecem se expandir a cada oportunidade, mas em minha mente eles remontam aos mesmos princípios gerativos.

Este livro compartilha uma série de ensaios e conversas sobre o cuidado cultural, para os quais convido as contribuições de artistas, curadores, críticos, mecenas, outros amantes das artes e participantes da cultura. Prevemos produzir mais livros sobre o tema do cuidado cultural; a base teológica para minha tese será apresentada em meu próximo livro sobre uma teologia do criar. Para auxiliar no enquadramento da conversa para diferentes tipos de pensadores, começo considerando brevemente três elementos desencadeados pelo ato de Judy que, em síntese, caracterizaram minha abordagem ao pensamento gerativo:

- Momentos de gênese;
- Generosidade;
- Pensamento geracional.

No próximo capítulo, reunirei esses elementos com definições mais formais dos termos *gerativo* e *cuidado cultural* para auxiliar na modelagem e catalisação de uma conversa em andamento.

———— ◆—◆—◆ ————

Trazer para casa um buquê de flores criou para mim um *momento de gênese*. O pequeno ato de Judy alimentou minha alma; renovou minha convicção como artista. Isso me forneceu uma nova perspectiva. Ela me desafiou a me concentrar deliberadamente em empreendimentos nos quais eu pudesse realmente ser um artista da alma. Esse momento gerou muitos outros momentos de gênese nos anos que se seguiram, contribuindo para decisões pequenas e grandes que redefiniram minha vida, e forneceram inspiração para mim, minha família e comunidades.

Momentos de gênese como esse geralmente incluem elementos da grande história contada no início do livro bíblico de Gênesis: criatividade, crescimento – e fracasso. Dois desses elementos são comuns em discussões sobre arte e cultura. Deus cria e chama suas criaturas à fecundidade. Adão exerce sua própria criatividade ao nomear o que foi criado. No entanto, a história também esbarra no fracasso e na finitude.

O pensamento gerativo geralmente começa com um fracasso, como meu fracasso em pensar e agir como artista. Descobri que algo é suscitado pelo fracasso, pela tragédia e pela decepção. É um lugar de aprendizagem e criatividade potencial. Nesses momentos, você pode se perder em desespero ou negação, ou pode reconhecer o fracasso e correr em direção à esperança de algo novo.

A chave para reconhecer os momentos de gênese é aceitar que cada momento é novo em folha. A criatividade aplicada em um momento de fraqueza e vulnerabilidade pode transformar o fracasso em uma conversa duradoura, abrindo novas perspectivas de inspiração e encarnação. Lembrar o que Judy fez, falar disso com os outros, valorizar seu cuidado – tudo isso é gerativo, pois seu ato pode ser honrado e se tornar um ponto de contato para os outros, levando ao nascimento de ideias e ações, artefatos e relações que de outra forma não o seriam.

O buquê também era um emblema da *generosidade*. O coração generoso de Judy – mais generoso que o meu naquele momento – valorizava a beleza acima das preocupações do dia-a-dia, que quase estreitaram meu foco. O pensamento gerativo é alimentado pela generosidade porque ele muitas vezes deve trabalhar contra uma mentalidade que tem a sobrevivência e a utilidade em primeiro plano. Em uma cultura dominada por essa mentalidade, a generosidade tem um elemento de imprevisibilidade que pode definir o contexto para a renovação de nosso coração. Um encontro com a generosidade pode nos lembrar que a vida sempre transborda nossas tentativas de reduzi-la a uma mercadoria ou a uma transação — pois ela é uma dádiva. A vida e a beleza são gratuitas no melhor sentido dessa palavra.

O buquê de Judy é apenas um dos muitos exemplos de generosidade em minha vida. Consegui me tornar um artista em parte por causa da generosidade e do incentivo de meus pais. Tanto meu pai quanto minha mãe me incentivaram quando desejei seguir as artes. Isso, para uma família asiática, era extremamente incomum. Música, pintura, escrita e criação sempre fizeram parte da minha vida. Eu as tomava como certas e achava que as casas de todos eram ambientes estimulantes para a criatividade. Então fui para o Ensino Médio e descobri que eu era uma anomalia! Foi então que comecei a perceber que, de alguma forma, tinha de resguardar meu tempo para a criatividade em uma cultura que não nutre o crescimento criativo.

Os artistas têm uma profunda capacidade de desenvolver e compartilhar generosidade e empatia, de apontar para abundância e para conexões. Aprendemos a generosidade quando tentamos nos comunicar com um novo público, ou ajudamos as pessoas a expressar o que elas não podem articular de outra forma, ou dizer algo significativo no vazio. Mesmo um artista que tende a percorrer sua jornada sozinho, como a poetisa Emily Dickinson, pode desenvolver um senso de comunicação ou comunhão com alguém – o leitor, a natureza, Deus – e, assim, fortalecer as capacidades gerativas fundamentais para trazer beleza ao mundo. Um encontro com as artes pode conduzir ao pensamento gerativo, pois a generosidade suplanta nossas expectativas de trocas e contrapartidas. (Também nas ciências a descoberta está ligada à generosidade da informação compartilhada entre seus praticantes.) Os efeitos da generosidade começam com a gratidão e conduzem a lugares que não podemos prever.

———————————

Ao refletir sobre o ato simples de Judy e sobre minha vida nas artes, estou cada vez mais convencido de que qualquer coisa que seja verdadeiramente gerativa não se dá de forma isolada. Valores gerativos nos são dados como uma dádiva por nossos pais e antecessores. Eles crescem na conversação com o passado e em nossa intenção de falar e criar para cultivar os valores das múltiplas gerações futuras. O pensamento gerativo pressupõe o *pensamento geracional*.

28 Cuidado cultural

A formação cultural é geracional, ela não nasce da noite para o dia. O pensamento geracional pode nos inspirar a trabalhar dentro de uma visão de cultura que se expressa em séculos e milênios, em vez de trimestres, estações ou tendências. Pessoas nas artes trabalham em conversação com artistas do passado enquanto moldam o futuro, tentando produzir obras com qualidades duradouras que possam, por sua vez, falar às novas gerações.

Testemunhei ações graciosas que foram cultivadas pelos pais e família de Judy. Falhei, por vezes, em apreciar a generosidade de meus próprios pais, mas pelo menos tive a receptividade para me arrepender! A generosidade de meu pai, em particular, fez surgir tantas bênçãos no mundo que ele não esperava ou nem imaginava – tudo fluindo de seu amor pela arte e pela música. Esses atos de Judy e de meus pais agora se refletem de maneiras inesperadas, principalmente na vida de nossos criativos filhos, que valorizam profundamente a beleza e moldam a generosidade.

Mesmo o termo *gerativo* é uma dádiva para mim. Meu pai, Osamu Fujimura, é um pioneiro da pesquisa em acústica. Nasci em Boston porque ele estava fazendo pesquisa de pós-doutorado no MIT com Noam Chomsky. Recentemente, convidei meu pai para participar de uma conferência do International Arts Movement. Enquanto caminhávamos juntos para o TriBeCa Performance Center, onde estava prestes a dar uma palestra, ele me perguntou sobre o que eu falaria. Eu disse a ele que o discurso se chamaria "Questões concernentes à cultura gerativa". Meu pai respondeu: "Interessante... a palavra *gerativa*... esse foi o tema da minha tese."

Eu já sabia disso. Eu havia até lido a tese. Mas, por algum motivo, deixei de lado essa influência e esqueci de vincular meu tema à vida de trabalho de meu pai! Ele foi fundamental para trazer a Teoria da Gramática Gerativa de Chomsky para o Japão. Fiquei grato pela redescoberta e pude apresentar minha versão do pensamento gerativo com a devida atribuição de sua influência.

Nossa vida é dirigida ou restringida por caminhos pavimentados pelas gerações anteriores a nós. Às vezes podemos traçar retrospectivamente os caminhos, como fiz com meu pai. Muitas vezes eles nos moldam de forma inconsciente. O que vale para os legados de nossos pais vale também para nossas comunidades e histórias raciais e nacionais. As culturas não são criadas da noite para o dia. Somos afetados por camadas de experiências, personalidades e obras de gerações anteriores. As histórias culturais nos afetam muito além do que somos capazes de reconhecer – ou, às vezes, admitir.

Princípios gerativos fluem da bênção geracional em direção à criatividade. Mas os exemplos positivos de minha esposa e meus pais são muito raros. Muitas pessoas olham para o que podem parecer maldições geracionais ao invés de bênçãos. Criei o IAM e continuo defendendo as artes com a convicção de que todas as pessoas precisam de um lugar de nutrição para seu crescimento criativo. Atos de generosidade podem inspirar momentos de gênese mesmo a partir de falhas geracionais.

Minha esperança é engendrar conversas e, assim, reunir uma comunidade de pessoas comprometidas com a vida gerativa. Isso, deve-se enfatizar, não é um fim em si mesmo, mas uma contribuição para o bem maior. Caminhos gerativos promoverão desenvoltura, paciência e criatividade geral na totalidade da vida. Eles conduzem ao desenvolvimento cultural — e humano.

2

A definição de cuidado cultural

Cuidado cultural é cuidar da "alma" de nossa cultura, trazer para nosso lar cultural nosso buquê de flores para que lembranças da beleza – tanto efêmeras quanto duradouras – estejam presentes mesmo nos ambientes mais hostis, onde a sobrevivência está em jogo. Talvez precisemos aprender a cultivar essas lembranças de beleza da mesma forma que as flores são cuidadas e cultivadas. O cuidado cultural restaura a beleza como uma semente de revigoramento no ecossistema da cultura. Esse cuidado é gerativo: uma cultura bem nutrida torna-se um ambiente no qual as pessoas e a criatividade prosperam.

Neste ponto, será útil juntar os pontos para encontrar uma definição funcional dos meus termos principais. Em nível mais básico, chamamos algo de *gerativo* se for frutífero, originando nova vida ou produzindo descendentes (como plantas e animais), ou produzindo novas partes (como células-tronco). Quando somos gerativos, recorremos à criatividade para criar algo novo e vivificante.

Também podemos abordar a geratividade olhando para sua sombra, *de-generar*, a perda de qualidades boas ou desejáveis (termo também usado com frequência em relação às gerações). O que é gerativo é o oposto do degradante ou do limitante. É construtivo, expansivo, afirmativo e cresce para além de uma mentalidade de escassez.

Uma das primeiras definições de "gramática gerativa" de Noam Chomsky refere-se ao conjunto de regras que podem ser usadas para criar ou gerar todas as sentenças gramaticais em

32 Cuidado cultural

uma língua.[1] Ele estava buscando nas línguas humanas, assim como meu pai em seu trabalho em acústica, por um princípio gerativo universal, uma explicação de nossa capacidade aparentemente quase infinita de construir frases, trocando elementos de um vocabulário e estrutura gramatical finitos. Com base nisso, podemos dizer que uma abordagem gerativa identificará e modelará a "gramática" ou as condições que melhor contribuem para uma vida boa e uma cultura próspera.

Descobrir e nomear essa gramática, identificar e viver princípios verdadeiramente gerativos, é um processo que depende profundamente da generosidade. Isso porque exige-se que nos abramos para perguntas profundas (e para suas respostas), o que é impossível quando a sobrevivência parece depender da competição por recursos escassos. Mas, quando reconhecemos a natureza gratuita da vida – não apenas a beleza desordenadamente diversa do mundo –, a gratidão nos estimula a fazer e acolher perguntas que vão além de nosso próprio contexto e experiência. Os melhores artistas nos ajudam com essas questões apresentando uma visão ampla da vida que revela a beleza em áreas cada vez mais amplas.

Tal visão é, por natureza, um desafio aos ditadores e regimes totalitários – uma ameaça àqueles cujo poder depende de manter a humanidade no nível da sobrevivência ou, pior, de eliminar diversos elementos das sociedades. Artistas e outras pessoas gerativas podem perceber tendências desumanizantes rapidamente, e é por isso que muitas vezes são alvos de autocratas. Mas os artistas, em última análise, podem revelar novas facetas do florescimento humano, mesmo em meio à tragédia ou ao horror, apontando para esperança e significado.

Outro princípio gerativo chave emerge quando começamos a escapar do pensamento limitado de uma cultura de escassez: o princípio da mordomia. Além de mera sobrevivência,

---

1 Veja Noam Chomsky, *On language* (Nova York: New Press, 2007).

A definição de cuidado cultural 33

funções de cargos, especialização burocrática ou papéis sociais, há um amplo escopo de interesse e responsabilidade humana. Todos recebemos dons dos quais devemos cuidar. Assim como estamos aprendendo a importância de cuidar do meio ambiente para deixar a terra saudável para as gerações futuras, todos devemos cuidar da cultura para que as gerações futuras possam prosperar.

Está implícita nessa descrição uma medida para avaliar princípios que reivindicam geratividade: o pensar e o viver verdadeiramente gerativos possibilitam obras e movimentos que tornam nossa cultura mais humana e acolhedora, e que nos inspiram a ser mais plenamente humanos. Podemos nos sentir confortáveis, até mesmo confiantes, em afirmar uma contribuição cultural como gerativa se, ao longo do tempo, ela reconhecer, produzir ou catalisar mais beleza, bondade e florescimento.

O que emerge dos momentos gerativos é algo novo, transformado a partir de sua fonte, algo que é tanto livre quanto responsável por oferecer sua própria contribuição criativa contínua. Há em minha fazenda, uma magnífica e antiga pereira; essa árvore cresceu a partir de uma pequena semente. Primeiro, a semente morreu. Ela encontrou a acolhida do solo e se transformou em um pequeno broto. Com o tempo, com a nutrição, ela chegou ao crescimento pleno, algo belo em múltiplos níveis, tudo em uma escala desproporcional à semente original e, por sua vez, cheia de potencial gerativo. A árvore fornece sombra e abrigo, flores e frutos. Ela pode fornecer madeira para aquecimento, ou para paredes, ou para obras de arte. Pode contribuir para uma paisagem, assim como contribuir na resistência à erosão. Pode inspirar poemas ou peças de teatro, pinturas ou fotografias (como a pintura Ki-Seki na capa deste livro). Pode desencadear uma descoberta científica, abrigar crianças brincando ou levar um homem ou uma mulher a refletir sobre a natureza da vida.

Podemos dizer que o cuidado cultural é um pensamento gerativo aplicado e resulta, em última análise, em um ambiente

34 Cuidado cultural

cultural gerativo: aberto a questões de significado, que vai
além de mera sobrevivência, que inspira pessoas a ações significativas e conduz à integridade e à harmonia. Ele produz
uma comunidade intergeracional próspera.

INTERLÚDIO: QUANDO A BELEZA ERA TABU

Ao usar intencionalmente a palavra beleza, nado contra a cor-
rente. Quando comecei a expor em Nova York, em meados da
década de 1990, "beleza" era um tabu, não deveria ser falada
em público. Significava a hegemonia cultural, o poder imperia-
lista, a corrupção do passado ou o brilho cosmético da cultura
contemporânea superficial. O mundo da arte ainda resiste a
essa palavra.

A primeira vez que falei na Dillon Gallery no SoHo, citei o
texto de Isaías 61:2-3:

> para consolar todos os que andam tristes,
> e dar a todos os que choram em Sião
> uma bela coroa
> em vez de cinzas,
> o óleo da alegria
> em vez de pranto,
> e um manto de louvor
> em vez de espírito deprimido.

Às vezes, em minha própria jornada, mesmo muito depois
de Judy lembrar de um buquê de flores, lutei para incorporar
a beleza à minha vida. Como estudante de pós-graduação do
National Scholar no Japão, estudando a arte do *Nihonga*, vi-me
usando materiais extravagantes e belos como ouro, prata, ma-
laquita, azurita e papel e seda requintados. Lutei com a beleza
revelada à minha frente, criada com minhas próprias mãos.
Eu não tinha, naquele momento, um arcabouço conceitual
para incorporar a beleza como premissa válida da arte contemporânea. Naquela primeira palestra como artista na Dillon

A definição de cuidado cultural 35

Gallery, falei dessa luta e de como, ao encontrar a realidade central de Jesus Cristo, pela primeira vez pude encontrar no próprio Cristo uma premissa integradora por trás da beleza. Pois Cristo também começou seu ministério com uma leitura de Isaías 61.

> O Espírito do Senhor está sobre mim,
> porque ele me ungiu
> para pregar boas novas aos pobres.
> Ele me enviou para proclamar liberdade aos presos
> e recuperação da vista aos cegos,
> para libertar os oprimidos. (Lucas 4:18)

Então ele chocou os presentes ao afirmar: "Hoje se cumpriu a Escritura que vocês acabaram de ouvir" (Lucas 4:21). Jesus de Nazaré afirmou ser aquele que pode nos fornecer uma "bela coroa em vez de cinzas". Ele alegou ser a fonte dessa beleza.

Ao mencionar beleza — sem falar em Cristo — em uma sala cheia de pessoas do mundo da arte, eu sabia que estava transgredindo o que era culturalmente aceitável para elas. Como seu seguidor, entretanto, eu precisava reconhecer as reivindicações de Cristo, para mantê-las na esfera pública como algo que podemos testar. Eu queria começar a recuperar a beleza e enquadrá-la para os nossos dias como uma dádiva que nos foi dada pelo Criador. Queria auxiliar na recuperação da visão da beleza como um dom que descobrimos, recebemos e administramos.

No dia seguinte, um crítico que estava na plateia me ligou e me surpreendeu dizendo: "Nunca ouvi ninguém citar Isaías no mundo da arte e fazê-lo com convicção. Fiquei emocionado com o que você tinha a dizer." Assim começou uma jornada para criar e apresentar a beleza no ambiente áspero e cínico do mundo da arte de Nova York.

PREMISSAS OPERACIONAIS

A abordagem do cuidado cultural baseia-se em uma série de premissas fundamentais. Muitas se assemelham ao que poderia se esperar ao aplicar os princípios de gerenciamento ambiental (conhecidos em alguns círculos como cuidado da criação) ao gerenciamento cultural. Estou assumindo que os esforços para restaurar o ambiente cultural são bons e nobres e que nossos esforços beneficiarão a próxima geração. Estou assumindo que uma tentativa de falar com as pessoas por meio de conversas e perguntas que estão fora da atual divisão cultural e ideológica é saudável e, em última análise, auxiliará na prosperidade da cultura. Em uma realidade cultural polarizada que causa guerras culturais, mesmo essas suposições podem ser contra-atacadas. A paralisia decorrente das guerras culturais dizimou a confiança fundamental no "outro", e somos incapazes de transitar para além do conflito. Uma postura de cuidado cultural traz, apesar dessa realidade, um recomeço, pois o cuidado com a cultura se concentra na promessa da nova criação, no potencial de novos tipos de comunidades.

Como artista e cristão, encontro a fonte e o objetivo da beleza, do pensamento gerativo e da ação responsável na compreensão bíblica acerca do sentido derradeiro de nossas vidas. Encontramos nossa identidade criativa em Deus. Os momentos de gênese podem ser considerados simplesmente porque Deus é o grande Artista, e nós somos artistas de Deus, chamados a gerenciar a criação confiada aos nossos cuidados. A boa notícia da Bíblia é que em Cristo estamos caminhando para a plenitude, integração e bem-estar definitivos. Estamos nos tornando mais plenamente o que fomos feitos para ser, para o benefício de toda a criação.

Contudo, o cuidado cultural e os princípios gerativos não são conceitos apenas para crentes cristãos, igrejas ou conversas religiosas. *O cuidado cultural é uma questão de todos.* Todos podem — e reconheço com gratidão que muitas pessoas de todas as origens o fazem — contribuir para o bem comum.

A definição de cuidado cultural 37

Essas conversas estão abertas a todas as pessoas de boa vontade. Para tornar a cultura habitável, para torná-la um lugar de cultivo para a criatividade, todos devemos optar por doar a beleza gratuitamente.

Gratuito pode ser uma palavra negativa, como em "violência gratuita", mas aqui estou usando-a para falar da intencionalidade, e até mesmo contundência, a qual, como veremos em capítulos posteriores, é necessária em nossa cultura profundamente fragmentada. Também analisarei como a realidade da beleza pode ajudar a integrar essa fragmentação.

3

Rio negro, terras rachadas

As pessoas nas culturas ocidentais geralmente pensam em si mesmas primeiro como indivíduos. Porém, o ser humano pode ser mais bem compreendido como um ponto focal de relacionamentos incrustados. Por vezes, estamos mais conscientes de nossa dependência e, por vezes, estamos mais conscientes de nossas contribuições, mas existimos em comunidade – em famílias, em lugares. Nas igrejas e nos grupos de trabalho. Em economias e ecologias. Além disso, nossas interações multifacetadas com nosso ambiente físico e cultural afetam diretamente nossos corpos, nossas mentes, nossos espíritos e, finalmente, nossas almas.

Podemos falar sobre todos esses elementos separadamente, mas não podemos isolar nossas reações (por mais que gostaríamos). Qualquer experiência que afete nossos relacionamentos afeta nossas mentes, o que, por sua vez, afeta nossos corpos, e assim por diante, em idas e vindas. Se quisermos prosperar, apenas podemos fazê-lo como parte de um ecossistema mais amplo e interrelacionado. Ecossistemas prósperos são conhecidos por sua abundância e diversidade, acolhedores mesmo para aqueles que querem viver como o ponto fora da curva e permanecer à margem.

Judy nos lembrou de que nossas almas precisam de alimento, assim como nossos corpos. Discutiremos como a beleza alimenta a alma em um capítulo posterior, mas primeiro devemos abordar a questão relacionada às consequências de uma situação em que a alma está faminta. O que acontece com as comunidades quando nossas almas são alimentadas com os produtos de um ecossistema poluído? Essa é a situação em que vivemos

40 Cuidado cultural

hoje. Precisamos estar cientes da realidade cultural mais ampla que está causando esse desequilíbrio para que possamos encontrar o melhor caminho para o cuidado cultural.

Um mapa industrial em meados do século 20 coloriu o rio Hudson de Nova York de preto. Os cartógrafos consideravam um rio preto uma coisa boa — cercado de indústrias! Quanto mais escoamento das fábricas, mais progresso. Quando esse mapa foi feito, a "natureza" era amplamente vista como um recurso a ser explorado. Poucas pessoas consideraram as consequências do descarte descuidado de resíduos industriais. A cultura mudou drasticamente nos últimos cinquenta anos. Quando compartilho essa história hoje, a maioria das pessoas estremece e pergunta como alguém pode pensar em um rio poluído como algo bom.

Mas hoje estamos fazendo a mesma coisa com o rio da cultura. Pense nas artes e outros empreendimentos culturais como rios que regam o solo da cultura. Estamos pintando esse rio cultural de preto – cheio de indústrias, dominado por interesses comerciais, descuidado com subprodutos tóxicos – e ainda há cartógrafos culturais que afirmam que isso é uma coisa boa. A poluição torna difícil nossa respiração, difícil para os artistas criarem, difícil para qualquer um de nós ver a beleza através do ar escuro e poluído.

É amplamente reconhecido que nossa cultura atual não é vivificante. Há pouco espaço nas margens para tornar os empreendimentos artísticos sustentáveis. O ecossistema mais amplo de arte e cultura foi dizimado, deixando apenas bolsões homogêneos de sobreviventes, aqueles aptos o suficiente para sobreviver em um ambiente envenenado. Na cultura, como na natureza, a ausência de diversidade é o primeiro sinal de um ecossistema perturbado.

Muitos dos córregos que alimentam o rio da cultura estão poluídos, e o solo que esse rio deveria irrigar fica ressecado e trincado.

Rio negro, terras rachadas 41

A maioria desses exemplos é bem conhecida, mas deixe-me tocar brevemente em algumas das falhas no solo cultural (desnutrição da alma), bem como algumas das fontes de envenenamento da água (poluição da alma).

DESNUTRIÇÃO DA ALMA CULTURAL

Uma das fontes mais poderosas de fragmentação cultural surgiu dos grandes sucessos da Revolução Industrial. Sua visão, padrões e métodos logo proliferaram além da fábrica e da esfera econômica, e foram adotados em setores da educação ao governo e até mesmo pela igreja. O resultado foi o reducionismo. As pessoas modernas começaram a identificar progresso através da eficiência. Apesar da resistência valente e contínua de muitos setores – inclusive dentro da própria indústria – o sucesso de grande parte de nossa cultura é agora julgado pela produção eficiente e pelo consumo em massa. Muitas vezes, valorizamos o desempenho repetitivo e semelhante ao de uma máquina como algo fundamental para o sucesso derradeiro. Na sedutora mentalidade industrial, as pessoas se tornam "trabalhadores" ou "recursos humanos" que são vistos primeiro como engrenagens intercambiáveis, depois tratados como máquinas – e agora são frequentemente substituídos por máquinas.

Uma falha cultural relacionada é a hiperespecialização, onde uma pessoa ou empresa se concentra em segmentos cada vez mais estreitos de um processo de produção, de uma disciplina, gênero artístico ou mercado. Um resultado é uma proeminência crescente, em nossa cultura, do "especialista". O especialista conhece uma parte, não o todo, e muitas vezes nem mesmo o campo mais amplo em que trabalha. Eles conscientemente reduzem seu escopo de interesses para se aprofundar em sua disciplina. Mas o aumento da clareza em um ponto cada vez mais estreito geralmente cobra o preço da incapacidade de enxergar o contexto e as premissas operacionais. Muitas vezes isso conduz ao isolamento – e às vezes alienação ou hostilidade – em relação àqueles com diferentes conhecimentos.

O especialista de hoje geralmente evita questões acerca de significado, conexão e responsabilidade – transfere essas questões para aqueles que "se especializam" nas áreas. Isso é, de forma clara, profundamente insatisfatório para os seres humanos e contribui para nosso mal-estar cultural. Além de ter consequências preocupantes dentro de uma disciplina. A carreira do meu pai é um exemplo disso.[1]

Meu pai passou anos na Universidade de Tóquio depois de sua pesquisa com Chomsky, ingressando posteriormente no famoso complexo de pesquisa fundamental dos Bell Labs em Murray Hill, Nova Jersey. Foi no Bell Labs, no início da década de 1970, que ele começou a notar deficiências fundamentais na pesquisa em acústica. Na década de 1980, com seus cinquenta e poucos anos, meu pai começou a enviar uma série de notas a seus colegas questionando princípios básicos de sua área. Ele descobriu que muitas de suas abordagens eram falhas porque eram baseadas em premissas reducionistas. Elas não se encaixavam com os dados e, portanto, eram inadequadas e incapazes de alcançar seus objetivos declarados.

No meu entendimento reduzido, a pesquisa inicial presumiu que você poderia gerar dados suficientes para reconstruir a fala segmentando padrões de fala. Isso se parece um pouco como dissecar um sapo e costurá-lo de volta, esperando com isso que ele salte novamente – uma abordagem tipicamente modernista. Os pesquisadores esperavam ser capazes de simular a fala humana com sons naturais dentro de uma década,

---

1 Escrevo sobre esse episódio no ensaio "*Refractions 24: the resonance of being,*" 14 de junho de 2007, www.makotofujimura.com/writings/refractions-24-the-resonance-of-being.

prevendo o surgimento de tecnologias como a Siri, da Apple, e a navegação por voz do Google. Mas meu pai estava certo. Mesmo as melhores dessas tecnologias, trinta anos depois, parecem instáveis e semelhantes a máquinas.

Embora ele estivesse lidando com uma comunidade de cientistas – que deveriam ser conhecidos por sua flexibilidade mental –, foram necessários anos até que meu pai pudesse apresentar suas novas ideias à comunidade linguística/fonética. Muitos professores titulares, tenho certeza, consideraram suas afirmações ameaçadoras às suas próprias premissas. Antes desse momento, meu pai nunca teve problemas para encontrar apoio para sua pesquisa, como subsídios do governo, mas agora ele se viu lutando contra o estabelecimento de pesquisa que ele próprio ajudou a construir. Depois de muitas tentativas inúteis de obter financiamento, meu irmão, um empresário bem-sucedido do Vale do Silício, interveio para financiar um cargo para um estudante de pós-graduação com o fim de auxiliar meu pai na compilação de dados suficientes para iniciar sua pesquisa.

O fato de as vozes de computador de hoje soarem tão bem é, em parte, o resultado do trabalho de meu pai. Após a dissolução da AT&T na década de 1980, ele passou muitos anos na Ohio State tentando introduzir um novo caminho chamado teoria C/D (conversor/distribuidor). Essa teoria não se preocupa tanto com a segmentação da linguagem, mas sim com o reconhecimento de padrões de entonação e acentuação vocal. Ele chama essa abordagem de *prosódica*, pois explica melhor a complexidade natural da fala e da linguagem.

A maioria de nós reconhece as deficiências do reducionismo em um nível profundo: sabemos que somos mais do que produzimos e que a eficiência não é o objetivo da educação, da religião, da arte, da diversão ou de muitos outros aspectos da cultura humana. A maioria das pessoas está insatisfeita com o ponto de

44 Cuidado cultural

vista reducionista, mas poucos de nós têm ou podem articular alternativas viáveis, uma vez que o reducionismo se tornou dominante não apenas em relação a como as pessoas definem o sucesso, mas também ao que valorizamos na sociedade. Muitos em nossa cultura não valorizam mais um buquê de flores porque a beleza não contribui nem para a maquinaria de produção nem para uma vantagem na batalha cultural de momento – e porque a pressão pelo consumo contínuo distorce nossa capacidade de apreciação e desfrute.

Não é o desejo de sobreviver ou de sustentar uma família que é problemático. A fragmentação cultural ocorre quando caímos na armadilha de tratar a sobrevivência como a base final de tudo, negligenciando, assim, as abordagens integrais que exigem crescimento pessoal e direcionam nossa civilização para uma visão mais ampla. A fragmentação ocorre quando esquecemos a importância da beleza para nossas vidas e a necessidade – tanto para o florescimento individual quanto social – de compartilhar a experiência da beleza em comunidade.

Em face do reducionismo, devemos nos lembrar de que os "seres humanos" não são "realizações humanas", como diz um de meus mentores.[2] Somos mais do que animais seguindo nossos instintos para competir e sobreviver. A cultura humana abrange mais do que lealdade a uma alcateia, a um rebanho ou a uma matilha. Nossa preocupação como indivíduos e famílias deve ser, portanto, criar, educar e formar pessoas inteiras – cultivar cidadãos conectados que possam cocriar comunidades, cidades e nações prósperas.

---

2   Obrigado, Nigel Goodwin, pelos "nigelismos" que continuam a nos encorajar. Ele muitas vezes termina a frase "e somos *devires* humanos".

POLUIÇÃO DA ALMA CULTURAL

Vejo a fragmentação e o reducionismo que operam na cultura atual como correspondendo ao lançamento de dois poluentes principais no rio da cultura. Eles são o que chamo de *supercomodificação* da arte e o *pragmatismo utilitário*. Hoje, em vez de considerar a arte como uma dádiva visionária para a sociedade, a vemos como um meio de ganho comercial. Aqueles artistas que aspiram a nada mais além do sucesso de mercado são frequentemente apanhados em guerras culturais, seus trabalhos são utilizados como ferramentas – ou armas – ideológicas nessas lutas divisivas. Esses poluentes estão sufocando as criaturas que deveriam estar nadando e contribuindo para a diversidade de expressões.

O reducionismo não é estranho às artes. O que meu pai experimentou como cientista na luta contra o reducionismo, os artistas estavam experimentando desde o início do século 20. Na cultura, o reducionismo surgiu não de um caminho racional para a especialização, mas em resposta à ameaça iminente das destrutivas armas humanas utilizadas contra nós mesmos. Na esteira de duas guerras mundiais, os artistas começaram a articular a dramática perda de humanidade da cultura. Para muitos, Hiroshima e Nagasaki revelaram a ingenuidade de tentativas anteriores de capturar a beleza por meio de telas ou salas de concerto. Em movimentos como o dadaísmo e o expressionismo abstrato, os artistas criaram imagens que visualizavam traumas, desilusões e desumanização, e tentavam combatê-los não com beleza, mas com ironia ou o puro poder dos gestos expressivos. O trabalho resultante, uma descrição honesta de nossa perda, grita a nós com desprezo por uma visão desumanizada da vida.

Ao mesmo tempo, os artistas reconheciam a lacuna deixada pelo enfraquecimento do testemunho da Igreja na cultura e cada vez mais se viam como profetas e sacerdotes seculares com um chamado para falar a verdade contra o padrão estabelecido. Eles intencionalmente se isolaram da sociedade e produziram

46 Cuidado cultural

obras destinadas a chocar as pessoas para que reconhecessem e condenassem os horrores da época. Como observou o crítico Robert Hughes, "o choque do novo" tornou-se um modo de vida no experimento modernista do século 20.[3]

Artistas como Marcel Duchamp, Mark Rothko e Ad Reinhardt apontam para um mundo em que a arte não é mais decoração ou representação de eventos históricos. Ao criar uma nova linguagem com a qual falar na sociedade, eles começaram a expressar uma via negativa artística – uma versão da tradição teológica e filosófica cristã que aponta para a verdade enfatizando o que a verdade não é. Esses artistas criaram uma antítese estética à ligação direta entre arte e poder (Duchamp), retrataram a angústia dos "limites" de nosso tempo e espaço (Rothko) e buscaram a pureza das experiências sensoriais para ver além da representação (Reinhardt).

Durante esse período, as vozes dos artistas tornaram-se cada vez mais esotéricas e elitistas. O trabalho deles foi gerativo, fornecendo maneiras para os espectadores enfrentarem o mundo desumanizado. Mas, ao mesmo tempo, uma visão reducionista começou a se solidificar (especialmente entre os críticos), de modo que o caráter conflituoso dos artistas e a insistência em se definir contra o *status quo* resultaram apenas em fragmentação e marginalização ideológica. Mesmo os novos ideais que eles tinham para a arte – de pureza e unidade de expressão – estabeleciam pouco contato com a vida da maioria das pessoas em sua cultura.

A distância entre os artistas e a sociedade em geral só aumentou desde o surgimento de guerras culturais e o uso cada vez mais evidente de arte nessa luta. Todos os artistas foram recrutados por conselhos progressistas como soldados da linha de frente para defender a "liberdade de expressão"

---

3 Veja Robert Hughes, *The shock of the new* (Nova York: McGraw Hill, 2009).

contra a tradição e a conformidade. É uma ironia perturbadora que a liberdade de expressão e a diversidade de vozes artísticas tenham sido as primeiras vítimas. Artistas foram pressionados – às vezes de bom grado e às vezes não – a falar não por seu próprio trabalho, visão e princípios, mas por ideologias (geralmente esquerdistas). As pressões culturais implícitas e explícitas em direção à uniformidade ideológica são tão elevadas que se poderia dizer que nas guerras culturais os artistas são livres para expressar qualquer coisa que *não seja* a beleza.

Enquanto os ideais desvaneciam, o que restava era apenas o valor comercial. Pense na arte pop de Andy Warhol com as latas de sopa de Marilyn Monroe e Campbell. Ele foi brilhante em capturar os ícones de sua época com um toque requintado e pessoal. Porém, embora seus próprios trabalhos fossem gerativos, proporcionando uma conversa importante e um legado duradouro, sua arte pop conduziu a milhares de trabalhos derivados, inundando o mercado. Com exceção dos usos ideológicos, a arte de hoje foi comodificada a tal ponto que muitas vezes vemos o comércio como o objetivo predominante da arte e valorizamos as artes apenas como ferramentas transacionais para alcançar fama e, portanto, riqueza.

O choque da novidade se transformou em um jogo para conquistar os quinze minutos de fama que Warhol previu que cada um de nós um dia terá. Em nossa metáfora do rio, os artistas lutam em águas poluídas para encontrar o oxigênio que precisam para criar. Os artistas são adaptáveis, mas sobreviver em um ecossistema estressado como o nosso muitas vezes significa retirar sua comida dos fundos dos rios como os bagres, alimentando-se das camadas mais baixas da cultura. Porém, a poluição desses contextos transforma muitos em criaturas monstruosas e hediondas. Sua criatividade é entregue à sobrevivência – e os que estão mais aptos a sobreviver são geralmente aqueles que criam os meios mais inteligentes de torcer e se adaptar ao modelo de arte das celebridades.

48 Cuidado cultural

Muitas vezes eles criam principalmente o que acham que vai vender. Falando recentemente a um grupo de músicos, implorei que não o fizessem. "Em vez disso, sejam como as trutas", eu disse. "Esforcem-se para ir rio acima até os afluentes e encontrar águas limpas e puras. Criem acima, nos afluentes, e, em seguida, o que você criar afetará todo o fluxo do rio." Mas o problema para eles, e para mim, é que hoje também não há água pura nos afluentes. Assim, uma estratégia chave do cuidado cultural, como veremos mais adiante, é criar diversos microcosmos de água pura para que as "trutas" possam sobreviver em nosso ecossistema cultural.

———◆———

Vivemos um momento de convulsão cultural. Não importa em que campo um artista opere, a sustentabilidade de uma arte que nos conduz para além de nós mesmos está ameaçada. Cada esfera está sendo sacudida. As galerias enfrentam um mercado estacionado desde a crise do Lehman em 2008. Todas as galerias de nível médio no bairro de Chelsea, em Nova York, agora lutam para pagar o aluguel. A indústria da música não é mais capaz de oferecer contratos lucrativos aos músicos porque cada música, agora, vale 99 centavos. Os melhores dançarinos modernos têm de pagar do próprio bolso pelo espaço de ensaio. As editoras, ameaçadas pelas margens mais baixas de vendas da Amazon e dos *ebooks*, estão oferecendo contratos cada vez menos recompensadores aos escritores. Mesmo escritores consagrados não podem contar com um lançamento em Nova York em razão do alto risco para o editor.

Poderíamos estar enfrentando um eclipse público dessas espécies chamadas arte, dança e música. (A poesia é o único campo que parece estar produzindo em um ritmo fantástico no momento, em parte porque os poetas não dependem de forças comerciais para continuar escrevendo. Mas muitos de nós não parecem estar *lendo* poesia.) O público das artes está se alterando e encolhendo em meio a um coro cada vez mais exigente de ofertas on-line que mudam a forma como avaliamos o valor de uma experiência.

Por que o cuidado cultural é necessário? Do ponto de vista das artes, é porque hoje um artista não pode simplesmente pintar; um romancista não pode simplesmente escrever; um pianista não pode simplesmente tocar. O pragmatismo utilitarista e a comodificação permeiam a cultura tão profundamente que, sem alguma mudança na visão de mundo e nas expectativas, o que fazemos como artistas – as atividades artísticas – não será sustentável nem gerativo. Não seremos capazes de resistir ao seu uso como armas nas guerras culturais.

Precisamos reconhecer nosso tempo como um momento de gênese.

4

Das guerras culturais a uma vida comum

A fragmentação cultural que experimentamos e o reducionismo que acompanhou a categorização minuciosa em todas as disciplinas contribuiu diretamente para as posições ideológicas polarizadas de hoje. Muitos de nós vivem isolados – às vezes mais literalmente, às vezes virtualmente – com as tribos em nossas próprias ilhas culturais. Não temos qualquer envolvimento significativo ou compreensão acerca dos seres humanos do outro lado da fronteira. Poucas pessoas são capazes ou estão dispostas a construir pontes. Quando estamos vivendo em um modo de sobrevivência e escassez, em vez de geratividade, facilmente caímos em uma posição na qual vemos os que estão de fora como inimigos dedicados à total competição por *comodities* ou poder que deveriam ser nossos.

O sociólogo James Davison Hunter observou há mais de vinte anos que os participantes de guerras culturais empregam uma linguagem que reduz o "inimigo" a uma caricatura, retratam suas ideias não apenas como falsas, mas perniciosas, alienando sua humanidade. Hunter identifica o culpado em sua obra *Culture Wars*, argumentando que uma fraqueza compartilhada "tanto por alianças ortodoxas quanto progressistas" é "um desrespeito implícito, mas imperioso, em relação ao alcance de uma *vida comum*".[1]

---

1 James Davison Hunter, *Culture wars: the struggle to define America* (Nova York: Basic Books, 1991), p. 325.

52 Cuidado cultural

Esse "desprezo pelo alcance de uma vida comum" é o fracasso abjeto de nossos tempos. No entanto, a partir desse fracasso, podemos iniciar um novo caminho em direção ao cuidado cultural.

A cultura não é um território a ser conquistado ou perdido, mas um recurso que somos chamados a administrar com cuidado. *A cultura é um jardim a ser cultivado.*

Vi esse tipo de cuidado exemplificado. De 2003 a 2009, servi no *National Council on the Arts*, assessorando o Presidente do *National Endowment for the Arts*, Dana Gioia. Ele costumava dizer que "o NEA é a Polônia das guerras culturais: todo mundo quer lutar em seu território, mas ninguém se importa com seus habitantes". Gioia, que é um dos principais poetas dos Estados Unidos, também foi executivo de negócios. Sua abordagem em relação à cultura se utiliza de ambos os pontos de vista, e incluía introduzir uma gestão disciplinada para a agência. Enquanto eu servia no Conselho, vi-o trabalhar diligentemente para construir um consenso em torno do cuidado com nossa cultura. Vi que é possível para um líder político em Washington trabalhar para o bem comum.

Mas muitas vezes os políticos e as facções políticas tomam um caminho mais fácil, tomando as artes como instigadoras de males culturais. Poucos se esforçam para cuidar da cultura. Poucos reconhecem nos artistas o potencial e a oportunidade de nos auxiliar na expressão de nossos anseios mais profundos por uma sociedade livre e humana.

Depois de muitos anos de guerras culturais, ninguém pode reivindicar vitória. Todos fomos ainda mais desumanizados, fragmentados e exilados de uma conversa genuína. A cultura em geral é um sistema poluído e supercomodificado que falhou com todos nós.

Certamente, vale a pena defender e lutar por ideias, mas agora chegamos a um ponto em que até mesmo os princípios centrais das ideologias contemporâneas foram comprometidos.

A linguagem do liberalismo e do conservadorismo se tornou truncada e distorcida, e essa disfunção está desmantelando a linguagem cultural. Precisamos de mediação cultural para auxiliar na amenização da divisão – não tanto para intermediar um acordo sobre o que acreditamos, mas para comunicar além de nossas diferenças.

Existe uma alternativa para a contínua fome ou poluição de nossa alma cultural? Como podemos nos afastar de uma postura utilitária ou comercial em relação às artes e à cultura? Quando nos comprometemos com o cuidado cultural, uma das coisas com a qual nos comprometemos é ir além da linguagem envenenada e do "desrespeito imperioso" pela vida daqueles que são diferentes de nós que Hunter observa. O cuidado cultural enfatiza o bem comum.

O trabalho cultural construtivo começa não na oposição, mas no compartilhamento de ideais generosamente discutidas, de visões para as gerações futuras, de oportunidades de encontro e diálogo com o outro; tudo isso poderia ocorrer no contexto das artes e a partir daí se espelhar na sociedade. A partir desse ponto, o cuidado cultural pode e conduzirá a um debate rigoroso – debate que não visa defender tribos ideologicamente homogêneas, mas vislumbrar maneiras de cuidar da totalidade da cultura e de todos os seus participantes.

Com essa abordagem talvez possamos resgatar os ideais do artista na cultura que as elites do século passado apenas podiam mostrar pela via da negação. Artistas e seus amigos (incluindo, espero, seus amigos nas igrejas) podem agora estar em uma posição única para romper o mal-estar da atual polarização e desenvolver uma postura verdadeiramente profética em relação à cultura. Isso exigirá uma ação não apenas para chocar ou para o engrandecimento pessoal, mas para o cultivo e o florescimento comum. Os artistas podem se tornar conhecidos como "artistas cidadãos" que lideram a sociedade com sua imaginação e seu trabalho.[2]

Os artistas podem admitir o fracasso da postura relacionada à guerra cultural e abandoná-la, criando oportunidades para momentos de gênese na cultura – momentos em que o diálogo pode acontecer, caricaturas podem ser descartadas e preocupações mais profundas podem ser abordadas. Os artistas podem assumir a liderança demonstrando generosidade em tais diálogos, oferecendo oportunidades e criando um microcosmo de verdadeira diversidade. E, finalmente, para ser consistente com os três elementos do cuidado cultural, os artistas podem pensar de forma gerativa, fornecendo fundamentos mais firmes para reflexões mais profundas na cultura.

T. S. Eliot escreve de maneira muito esclarecedora sobre essa visão mais profunda – de uma vida comum e do bem comum – em Notas para uma definição de cultura: "Se levarmos a cultura a sério, veremos que um povo não precisa apenas do suficiente para comer [...] mas uma cozinha adequada e própria [...] Cultura pode mesmo ser descrita simplesmente como aquilo que torna a vida digna de ser vivida".[3]

Hoje, o que faz a vida digna de ser vivida para os artistas é algo como uma brasa moribunda. Os buracos de bala em nossas escolas e as elevadas taxas de suicídio para populações sensíveis, como adolescentes, lembram-nos que o fracasso cultural não é uma questão abstrata. As vítimas estão aumentando – Amy

---

2   Ouça, por exemplo, a entrevista com o artista Dario Robleto: "Dario Robleto — Sculptor of memory," On being, conduzida por Krista Tippett, 24 de julho de 2014, www.onbeing.org/program/dario-robleto-sculptor-of-memory/6640.

3   T. S. Eliot, Notes towards the definition of culture (Nova York: Harcourt, Brace and Company, 1949), p. 26.

Winehouse, Philip Seymour Hoffman e Robin Williams, para citar alguns de uma lista tristemente longa.

Há apenas alguns anos perguntei: o que aconteceu com a jovem com voz de ópera, uma parte vibrante da comunidade de sua igreja, que subiu com confiança no palco no Grammy Awards de 1986? Quando vemos a vida de Whitney Houston, suas lutas e sua morte diante de nós, estremecemos e lamentamos. Mas quanto de sua jornada se baseia em nosso próprio consumo de cultura, uma cultura repleta de corpos de indivíduos talentosos descartados? A morte chocante de Whitney Houston pouco antes do Grammy Awards de 2012 se tornou, em nossos dias, apenas mais uma consideração tardia em uma lista crescente de célebres artistas prematuramente perdidos.

Temos feito pouco para cultivar o solo da cultura para a próxima geração. Assim, os esforços que fazemos agora para plantar sementes culturais provavelmente não produzirão resultados significativos por algum tempo. Essa é uma avaliação sombria, mas pode ser encorajador refletir sobre paralelos no mundo natural: por exemplo, o solo vulcânico é altamente fértil e os incêndios florestais podem beneficiar o ecossistema. As condições e os cuidados adequados possibilitam uma rápida regeneração na esteira de muitos desastres.

A atividade gerativa é transformadora. Contudo, viver dentro do ideal de uma vida comum exigirá muito de cada artista – e muito de cada um de nós em outras esferas de influência. Destruição e dissolução são muito mais fáceis do que criação e conexão. Precisamos de visão, coragem e perseverança. É por isso que o cuidado e o cultivo da cultura se iniciam com o cuidado e o cultivo da alma.

5

Cuidado da alma

Acabamos de notar como os artistas nos últimos anos foram empurrados para as margens, com muitos deles recorrendo a vários expedientes para chocar ou transgredir com o propósito de chamar a atenção. Muitas vezes tenho notado que, quando esses mesmos artistas são colocados em um ambiente de criação, como uma residência artística, o que eles criam tem um tom diferente. Esses pensamentos surgiram recentemente enquanto considerava os valores do cuidado cultural, e percebi que muito do que falo aqui vem de conversas com minha esposa. Os princípios do cuidado cultural baseiam-se em parte na linguagem terapêutica que ouvi minha esposa usar ao descrever seu trabalho. Essa linguagem do *cuidado* é uma extensão dela trazendo para casa aquele buquê de flores para cuidar de nossas almas.

Como psicoterapeuta, Judy não espera que seus clientes cheguem felizes e sorridentes. Seus clientes vêm porque precisam de ajuda. Em algum nível, eles estão cientes da fragmentação que está atrapalhando suas vidas. Minha esposa supõe que seus clientes chegarão chateados, zangados e disfuncionais. Ela enxerga como seu trabalho ajudar a curar essas feridas – e, para tal, ela ouve com atenção e comunica aos clientes suas próprias tarefas a serem realizadas sob sua orientação.

Da mesma forma, se nossa cultura predominante é ferida e disfuncional, não deveríamos esperar que a maioria dos artefatos culturais falasse dos males do mundo? O catalisador cultural Erwin McManus conta a história de uma conversa que teve com um jovem artista que lutava para evitar que a arte fosse usada para propaganda. Ele queria criar obras que expressassem emoções autênticas. Mas as únicas emoções que esse artista considerava autênticas eram negativas: "raiva, traição, medo". Ele nunca havia considerado se o amor ou a felicidade poderiam ser verdadeiras experiências humanas que pudessem ser retratadas com autenticidade. E ele era incapaz de se conectar com o que faz a vida valer a pena (tanto figurativamente quanto, infelizmente, de forma literal).[1]

Quando ouvimos principalmente acerca de alienação e sofrimento, a tentação ao desespero é forte. Mas se pudermos ouvir atentamente enquanto nos apegamos à esperança, avaliações honestas de nossos problemas culturais podem nos apontar para descobertas de autoconsciência – incluindo o reconhecimento de anseios inatos que tentamos satisfazer de maneiras não saudáveis – que podem, por sua vez, conduzir à cura.

Há, portanto, sobreposições significativas para o cuidado cultural não apenas com o cuidado da criação, mas com o cuidado da alma, que é o desenvolvimento espiritual e a integração psicológica que pode resultar quando seguimos diligentemente uma boa orientação. O trabalho de cuidado da alma, trabalho tanto do terapeuta quanto do cliente, é extemporâneo. Ele não pode ser linear, mas um processo interativo e criativo que responde continuamente às necessidades mutáveis da alma. Todos os prestadores de cuidados eficazes são, nesse sentido, artistas da alma.

Uma maneira de conceber o cuidado cultural em operação é transpor nosso conhecimento acerca de saúde mental e formação espiritual para a cultura. A maioria das pessoas não consegue escapar da disfunção por conta própria, e as feridas emocionais não tratadas são mais propensas a apodrecer do que a curar. Por um lado, é trabalho do psicoterapeuta mapear um caminho para a cura do cliente, não deixar uma pessoa

---

1   Erwin Raphael McManus, The artisan soul (Nova York: HarperOne, 2014), p. 33-34.

ferida fragmentada, emperrada ao longo da jornada ou presa na dependência perpétua da terapia. Porém, ao mesmo tempo, a saúde psicológica e emocional — como o crescimento espiritual — não pode ser uma imposição externa. Isso vale também para a cultura.

Uma das maneiras pelas quais as pessoas que passaram por eventos traumatizantes começam a encontrar a cura de sintomas como *flashbacks* e pesadelos é aprendendo a recontar a história de seus encontros traumáticos em um ambiente seguro. Isso os auxilia a passar da reexperiência involuntária da dor emocional do evento à conexão da memória com ouvintes auxiliadores e uma estrutura mais ampla de significado. Isso os auxilia a enxergar o trauma como um episódio em sua história de vida mais ampla, em vez de algo que define sua identidade.

Da mesma forma, o cuidado cultural começa com a identificação e articulação da situação quebrada e fraturada. Ele cria um espaço seguro para se dizer a verdade. Mas não para por aí. Ele começa com o exercício de escuta e depois convida as pessoas para a beleza, a integridade e a cura. À medida que nos tornamos capazes de reconhecer a verdade de nossa situação e podemos contar essa história, somos encorajados a cuidar dos artistas e de todos os outros participantes da cultura, criar contextos para conversas mais profundas, promover o crescimento espiritual e, às vezes, a resolução de problemas.

Uma das principais razões pelas quais eu relaciono o cuidado cultural com o trabalho de Judy no cuidado da alma é que nossa experiência de beleza depende de mais do que realizações intelectuais e técnicas.

Em um nível estético, aprender a perceber camadas mais profundas da beleza inclui treinamento ou aprendizado no ofício e na tradição da qual estamos participando. Pode ser

60 Cuidado cultural

necessário mostrar ao espectador como se abrir para certas formas de beleza ou ser treinado em como ler uma pintura. Um ouvinte pode precisar de instruções para ouvir o tom e a cor de uma sinfonia. Um aluno pode precisar ser treinado para abordar um objeto de diferentes perspectivas. Uma criança ou novato pode precisar ser exposto a muitos exemplos do que os outros reconheceram como belo antes de poder formar um julgamento coerente. E é claro que qualquer um que trabalhe nas artes terá de praticar isso diligentemente.

Mas, além disso, nosso próprio estado de ser afeta nossa capacidade de perceber e criar beleza. Se duvidarmos que a beleza existe, por exemplo, teremos uma experiência truncada mesmo quando a encontrarmos. E como descobri em Nova York, é possível chegar ao ponto de rejeitar a beleza como efêmera, melosa ou ingênua e ver sua busca como arcaica, fora de moda ou *déclassé*.

Apreciar as profundezas da beleza é uma condição de nossa saúde física, mental e espiritual — e de nossa maturidade física, mental, emocional, relacional e espiritual. Todos nós começamos imaturos e sem forma. Todos carregamos algum grau de desordem. E todos temos um grau de responsabilidade para lidar com esse distúrbio. Há um ditado que reza que você não pode compartilhar o que não tem. Da mesma forma, nosso nível de maturidade estabelece um limite na qualidade e expressividade do trabalho que podemos produzir.

Muitas vezes pensamos em grandes artistas, músicos e escritores – aqueles que demonstraram a capacidade de expressar beleza – como grandes almas. A maioria ou todos eles enfrentaram, e muitos superaram, grande desordem; encontraremos algumas de suas histórias nos próximos capítulos. Wesley Hill, professor da Trinity School for Ministry, contou recentemente uma história (que talvez seja uma lenda) sobre um estudante de Yale trabalhando com o grande estudioso do Antigo Testamento, Brevard Childs. O aluno estava insatisfeito com sua nota e perguntou como poderia melhorar sua

Cuidado da alma 61

próxima redação. Childs respondeu: "Torne-se uma pessoa mais profunda".[2]

Como podemos fazer`isso? Certamente não de forma isolada. Em termos psicológicos, precisamos cumprir as tarefas, seguir o caminho para a cura que está traçado para nós. Isso pode incluir encontrar pessoas saudáveis para imitar ou espaços seguros para incubar novas expressões de criatividade. Pode envolver exercícios imaginativos para ampliar a empatia e combater o narcisismo. Em termos espirituais, precisamos responder com fé e tomar posse da graça que recebemos de graça. Isso pode incluir tirar proveito de tutores espirituais – *personal trainers* para a alma – ou adotar algum regime de exercícios espirituais e disciplinas práticas para construir musculatura espiritual e moral e trazer ordem à nossa alma.

O cuidado da alma exigirá espaços de nutrição para tal formação – mas vejo que eles se parecem menos com clínicas de reabilitação de celebridades e mais com academias de bairro ou centros de treinamento olímpico. Esses espaços apresentariam liderança intencional e visionária por mentores e treinadores ativos comprometidos com o cuidado cultural. Em cada espaço, uma comunidade de pares se reuniria para trabalhar em conjunto e desafiar uns aos outros à excelência e ao crescimento para se preparar para competições e colaboração.

Uma cultura saudável e próspera é impossível sem a participação de artistas e outros líderes que são educados intelectualmente, treinados experiencialmente, formados espiritualmente e amadurecidos moralmente. A beleza é tanto um objetivo quanto um catalisador para cada um desses elementos.

---

2   Wesley Hill, comentando em uma postagem em wesleyhill.tumblr. com, 10 de julho de 2014.

6

Beleza como alimento
para a alma

Uma vez que enxergamos a conexão do cuidado cultural com o cuidado da alma, o próximo conjunto de perguntas a fazer se torna claro: para que estamos convidando as pessoas? Que tipo de alimento a alma precisa? O que é a beleza e como ela alimenta aquela parte de nós que é mais do que instinto e apetite? Como a beleza pode lidar com a fragmentação e a disfunção pessoal e cultural?

Essas perguntas cativaram as pessoas ao longo da história registrada, e aqueles que tentam obter respostas geralmente se encontram em águas profundas e às vezes turvas. A beleza é notoriamente difícil de definir, e muitas vezes é mencionada junto com outras preocupações fundamentais, particularmente a verdade e a bondade. Dallas Willard chegou a definir a beleza como "a bondade manifestada aos sentidos".[1]

O quão profundamente entrelaçadas essas três qualidades centrais estão é debatido, mas a experiência mostra que a falta de verdade ou bondade (seja na qualidade do acabamento ou no sentido moral) diminui a beleza de um determinado artefato. Da mesma forma, a falta de atenção à beleza na apresentação de uma verdade dificulta seu apelo e acolhimento. E acabamos de discutir como uma cultura que minimiza a busca pela beleza também perde o apetite pela verdade e pela bondade.

---

1 Citado em John Ortberg, "Dallas Willard, a man from another 'time zone," *Christianity Today*, 08 de maio de 2013, www.christianitytoday.com/ct/2013/may-web-only/man-from-another-time-zone.html.

64   Cuidado cultural

Se a beleza é alimento para a alma, também podemos pensar em termos das muitas coisas que ainda estamos aprendendo sobre a interação entre as escolhas alimentares e a saúde do corpo, da mente e do espírito. Quando estamos ocupados ou distraídos, é fácil voltar a comer alimentos de "conveniência" excessivamente processados. Suas calorias vazias fazem pouco para fortalecer nossos corpos e podem, de fato, criar apetites pouco saudáveis ou aumentar nossa vulnerabilidade à depressão clínica. Da mesma forma, ao alimentar nossas almas, não ousamos substituir a atração superficial – aquela que é apreciada sem esforço e logo exaurida de virtude – pela verdadeira beleza. Em vez disso, precisamos cultivar um apetite pelo melhor alimento da alma, inteiro e não processado, exigindo tempo para ser absorvido e digerido.

Muito mais pode e deve ser dito sobre esse tema, mas por enquanto será útil juntar os pontos inerentes à nossa discussão até agora e oferecer uma definição funcional de beleza para fundamentar nosso trabalho no cuidado cultural.

A beleza é a qualidade ligada àquelas coisas que são, em si, *atraentes* e desejáveis. As coisas belas são um *deleite* para os sentidos, um *prazer* para a mente e um *refrigério* para o espírito. A beleza nos convida a entrar, capturando nossa atenção e fazendo-nos querer ficar. Coisas belas são *merecedoras* de nosso escrutínio, gratificantes de contemplar, dignas de serem buscadas. Elas inspiram – ou mesmo exigem – uma resposta, seja compartilhando-as na comunidade ou agindo para estender sua beleza a outras esferas.

A beleza pode não ser incorporada de uma forma duradoura – um determinado buquê de flores logo murchará, embora uma pintura ou poema possa durar gerações –, mas é algo de que queremos lembrar e algo que não gostaríamos de mudar. A beleza está, portanto, ligada à *satisfação* – o que pode apontar para o modo como a beleza alimenta a alma.

A beleza toca em alguma combinação de qualidades, difíceis de quantificar, de padrão, *design*, forma, molde, cor, som, luz, integridade e relacionamento. Ela nos atrai em vários níveis, falando ao nosso intelecto e nossas capacidades lógicas, bem como às nossas emoções e espírito. Embora comumente esteja mais ligada aos nossos sentidos físicos e ao mundo material do que ao mundo das ideias, as pessoas muitas vezes apelam para a beleza quando falam sobre a busca do conhecimento, e as melhores teorias científicas e matemáticas são chamadas de belas em sua simplicidade ou elegância. Por ora, essa definição não é controversa e pode ser adotada por pessoas de um amplo espectro de crenças. Deixe-me esboçar quatro temas importantes relacionados à beleza e ao cuidado cultural. Estes são a gratuidade, a mordomia, a justiça e nossa resposta.

Uma compreensão cristã da beleza começa com o reconhecimento de que Deus não *precisa* de nós ou da criação. A beleza é um dom gratuito do Deus criador; ela encontra sua fonte e seu propósito no caráter de Deus. Deus, por seu amor gratuito, criou um mundo do qual não precisava porque ele é um artista.

A beleza em si não é, nesse sentido, necessária. Às vezes, parece que muitas pessoas na era moderna tentaram provar esse ponto negativamente – como arquitetos modernistas e urbanistas fazendo o máximo para demonstrar que qualquer objeto que pode ser feito com beleza também pode ser feito sem beleza.

No entanto, mesmo que concordemos que a beleza não é necessária para nossa sobrevivência diária, ela ainda é necessária para o nosso florescimento. Nosso senso de beleza e nossa criatividade são fundamentais para o que significa ser feito à imagem de um Deus criativo. A satisfação na beleza que sentimos está profundamente ligada ao nosso reflexo do caráter de Deus para criar e valorizar a gratuidade. Faz parte da nossa natureza humana. É por isso que nossa alma anseia por beleza.

66   **Cuidado cultural**

Por ser graciosa, a beleza aponta para além de si mesma, além da sobrevivência para a satisfação. Pensamos nela em oposição à estreiteza, à escassez, ao trabalho penoso e à obrigação. Nos vêm à mente, em vez disso, o que é expansivo, generoso, abundante, conectado e expressivo. A beleza também nos conecta com o *porquê* de viver. Ela aponta para descobertas esperando para serem feitas sobre a criação. Ela aponta para questões relativas a relacionamentos corretos, a significado definitivo e até mesmo à eternidade. Ela aponta para trás, para fora e a para frente, em direção à nossa Fonte e Sustentador derradeiros.

Quando encontramos a beleza, queremos desacelerar e participar de seu frescor, para permitir que ela nos reoriente aos nossos anseios mais profundos e nos reconecte ao nosso eu mais profundo. E por mais subdesenvolvido ou distorcido que seja, nosso senso inato de beleza é o que nos faz lutar diante das pressões utilitárias do modernismo, mesmo quando não podemos expressar a nós mesmos e aos nossos anseios em palavras.

Em sua graciosidade e generosidade, a beleza – paradoxalmente – ajuda a estabelecer limites na maneira como vivemos. Nossas ações podem ser avaliadas com base em se elas conduzem ou não à beleza. Podemos ser desafiados por comparações de nosso trabalho com obras que revelam um padrão mais elevado. Isso pode explicar por que muitos modernistas resistem abertamente ao próprio conceito de beleza.

Ao resistir ao modernismo, pode ser útil introduzir também uma ideia do filósofo Roger Scruton. Ele define a beleza em parte como aquilo que compensa a contemplação por si mesma, e afirma que a beleza e a utilidade entram em conflito apenas em curto prazo. A beleza pode não ser "prática", mas ele observou que, quando as pessoas negligenciam a beleza, elas produzem, em última análise, coisas inúteis. Concentrar-se na mera função, na verdade, remeterá um objeto ao esquecimento. Beleza, Scruton diz, é o que faz as coisas durarem.[2]

Eu disse anteriormente que a beleza é um dom que descobrimos, recebemos e *administramos como mordomos*. Essa é uma afirmação de que a beleza é encontrada tanto na natureza quanto na cultura. É algo que nos é dado, e também é algo que nós, seres humanos, podemos acrescentar – algo que podemos cultivar.

Deus nos pede para continuar assim como ele começou. Temos a capacidade e a responsabilidade de criar mais beleza (graciosamente). J. R. R. Tolkien, autor de O *Senhor dos Anéis*, usou o útil conceito de subcriação.[3] Em qualquer coisa que fazemos, trazemos nossas energias criativas, mas estamos sempre agindo na mordomia de algo que nos foi dado. No nosso melhor, trabalhamos *com* as nossas matérias-primas, honrando as suas propriedades e respeitando os seus limites, não trabalhando contra sua natureza ou desvirtuando-as. Em suma, precisamos amar tanto a natureza quanto a cultura para exercer uma mordomia adequada.

O pensamento recente no campo da agricultura oferece algumas ideias que podem ser transferidas para a mordomia cultural. O localismo reconhece o caráter único de cada região e sugere que é bom cultivar produtos nativos do lugar e em sintonia com o clima, o solo natural e a botânica local. Flores de estufa ou vegetais importados podem ser desejáveis quando nosso clima local é inóspito ou algum desastre danificou as colheitas locais, mas há uma virtude nos produtos locais.

---

2 Roger Scruton, palestra (University Club, Washington, DC, December 1, 2009).

3 J. R. R. Tolkien, "On fairy stories," in *The Tolkien reader* (Nova York: Ballantine Books, 1966), p. 58

68 Cuidado cultural

Muitas vezes eles têm um gosto melhor. Comer alimentos sazonais locais parece ser melhor para nossos corpos. A mordomia eficaz conduz ao trabalho gerativo e a uma cultura gerativa. Transformamos trigo em pão – e pão em comunidade. Transformamos uvas em vinho – e vinho em ocasiões para alegre camaradagem, convívio, conversa e criatividade. Transformamos minerais em tintas – e tintas em obras que elevam o coração ou movem o espírito. Transformamos ideias e experiências em mundos imaginativos por puro prazer e para expandir o escopo de nossa empatia.

Como no cuidado criacional, a mordomia cultural inclui tentar encontrar nosso lugar no ecossistema mais amplo. Ela nos pede para considerar o que nos foi dado e onde estamos situados. Ela considerará a natureza humana – reconhecendo nossos verdadeiros anseios e limitações.

Outra filósofa contemporânea, Elaine Scarry, é conhecida por relacionar beleza com justiça. A Dra. Scarry falou na Conferência IAM da primavera de 2002 na Universidade de Nova York, copatrocinada pelo *Image Journal* e intitulada, audaciosamente na época, como "O Retorno da Beleza" (Após o 11 de setembro, a beleza era muito necessária, e o mundo da arte contemporânea parecia redescobri-la como um valor). Um ponto de conexão entre beleza e justiça, diz Scarry, é que "a beleza, mais cedo ou mais tarde, coloca-nos em contato com nossa própria capacidade de cometer erros".[4]

Eu me identifico com essa observação. Um encontro com a beleza pode abrir a porta da percepção para que sejamos movidos a abandonar nossos erros e iniciar uma jornada em direção ao autêntico. O que os cristãos chamam de "arrependimento" – do grego *metanoia*, voltar atrás – é muitas vezes desencadeado por um encontro com o belo.

---

4   Elaine Scarry, *On beauty and being just* (Princeton, NJ: Princeton University Press, 1999), p. 31; 35.

Em última análise, a realidade da beleza estimulou minha própria jornada para a fé. A conexão entre beleza, justiça e nossa resposta necessária é um valor-chave do cuidado cultural, mas foi somente enquanto escrevia este livro que me tornei capaz de reconhecê-lo e começar a articulá-lo. Um único gesto de generosidade, o lembrete da beleza em minha vida por Judy, abriu uma jornada de exploração que me levou à fé em Cristo.

Meu próprio fracasso em valorizar a beleza e reconhecê-la como uma necessidade para minha vida e minha arte conduziu a muitas outras lutas. Falo disso em vários outros relatos, mas quanto mais eu experimentava a beleza, especialmente a beleza que estava sendo criada por minhas próprias mãos, mais alienado me sentia dela. Eu não tinha um modelo ou categoria para receber a beleza. Foi somente através do meu encontro com Cristo e seu sacrifício em amor por mim – através da minha leitura de *Jerusalém*, o último poema épico de William Blake (1804) – que eu vi a *beleza do sacrifício* em Cristo. Eu disse anteriormente que Jesus é a fonte da beleza. Como fonte, Jesus é atraente, e conhecê-lo traz deleite – essa afirmação traz consequências para as atividades e abordagens de cada indivíduo e comunidade que refletem Jesus, principalmente a igreja.

Meu encontro com a beleza de Cristo, refletido nas passagens de Isaías 61 que citei anteriormente, resultou em uma série de mudanças na forma como vejo a mim mesmo e o papel da arte na sociedade. O que escrevo aqui é o resultado direto da minha própria *metanoia*, uma jornada que foi nutrida pelo ato de generosidade de Judy.

Será útil neste momento considerar os objetivos que passei a reconhecer nos anos desde que recebi aquele buquê. A que devemos aspirar como artistas e catalisadores criativos (aqueles que podem não se considerar artistas, mas ainda são atores culturais-chave)?

70   Cuidado cultural

Podemos voltar, neste contexto, para Isaías 61. No mesmo versículo que fala sobre uma bela coroa, o profeta faz uma conexão explícita entre beleza, sofrimento e justiça que comunica diretamente acerca de um papel que as artes deveriam desempenhar. Aqueles que recebem belas coroas são aqueles que eram pobres, quebrantados de coração, cativos, enlutados, tristes e desesperados – e o resultado da intervenção de Deus é que essas mesmas pessoas devem ser "chamadas carvalhos de justiça". Parte das boas novas que eles ouvem é uma incumbência. O propósito da mensagem do profeta – que Jesus diz que cumpre – é um chamado para agir por justiça e renovação. Aqueles que sofreram são os mesmos que

> reconstruirão as velhas ruínas
> e restaurarão os antigos escombros;
> renovarão as cidades arruinadas
> que têm sido devastadas de geração em geração
> (Isaías 61:3-4)

Mesmo aqueles que estão ainda considerando as afirmações de Jesus encontrarão uma base para o trabalho de justiça no cultivo da beleza. Um encontro com a beleza pode nos mostrar o que poderia ser e pode nos deixar insatisfeitos com a forma como as coisas são. Diante do inegável, e muitas vezes insuportável, sofrimento humano ao nosso redor, ainda devemos afirmar a beleza e trabalhar para que nossa cultura a reflita. É por isso que uma abordagem de cuidado cultural encorajará a proclamação da verdade sobre a alienação, o sofrimento e a opressão, juntamente com a verdade sobre a justiça, a esperança e a restauração.

Certamente, parte ou todo o nosso trabalho deve ter como objetivo surpreender nossa cultura cansada com a oferta de deleite e a lembrança aos outros acerca do que nós, humanos, realmente desejamos. Artistas do século passado atuaram na sociedade para revelar a situação fraturada; neste século, poderiam eles liderar o caminho para a reconexão, reconciliação e reintegração?

Além de gratuidade, mordomia e justiça, uma estrutura para a beleza também deve incluir a noção de sacrifício. A beleza, como os poetas do Japão viram há muito tempo, está ligada à morte. O ideograma japonês para beleza (美) é composto por dois ideogramas, o de ovelha (羊) colocado sobre o de grande (大). Aparentemente, na China, de onde os ideogramas se originaram, o que era belo era uma "ovelha gorda". Em uma cultura em que comer carne era uma ocorrência rara, uma ovelha gorda era um deleite supremo. Mas no Japão foi realizada uma conexão mais profunda com o sacrifício das ovelhas. Escrevo sobre os detalhes do refinamento japonês do ideograma em meu livro *Silence and Beauty*; no Japão, a beleza está culturalmente ligada à morte e ao sacrifício.

Sacrifícios são necessários para proporcionar beleza ao mundo. Nos capítulos seguintes, veremos alguns papéis por meio dos quais esses sacrifícios podem ocorrer, papéis que dependem do cuidado e alimentação da alma. Vamos olhar para um novo modelo de liderança como cuidado de fronteiras – construindo pontes e servindo como mensageiros ou embaixadores para grupos separados, tentando encontrar um caminho para o bem comum. Olharemos para o cuidado com a linguagem – relativo a encontrar linguagens comerciais e uma gramática gerativa para desarmar as guerras culturais. E examinaremos vários meios de administração do ecossistema mais amplo de nossa cultura, incluindo o cultivo de artistas e líderes empresariais que podem ser os guardiões da cultura.

7

Liderança a partir das margens

Anteriormente, observei que os artistas foram empurrados para as margens. Recentemente, estava conversando com meu colega e colaborador Bruce Herman. Ele me apresentou a uma palavra do inglês antigo utilizada em *Beowulf*: *mearcstapas*, traduzida como "caminhantes-das-fronteiras" ou "espreitadores-de-fronteiras".[1] Nas realidades tribais de épocas anteriores, esses eram indivíduos que viviam à margem de seus grupos, entrando e saindo destes, às vezes trazendo novidades para a tribo.

Os artistas se sentem instintivamente desconfortáveis em grupos homogêneos, e no "espreitar-de-fronteiras" temos um papel que tanto lida com a realidade da fragmentação quanto oferece um meio adequado para auxiliar as pessoas de todas as nossas muitas e divididas tribos culturais a aprender a apreciar as margens, a amenizar as barreiras à compreensão e à comunicação, e iniciar o processo de desarmamento de guerras culturais. Artistas à margem de vários grupos podem ser comissionados (não recrutados) para representar identidades tribais enquanto permanecem como mensageiros de esperança e reconciliação para uma cultura dividida.

Parte desse papel pode ser pensado em termos de cuidado da alma. Um psicoterapeuta, como artista da alma, precisa

---

1 *Mearcstapa* é um dos vários termos utilizados para descrever Grendel. Veja o site da organização Mearcstapa, www.mearcstapa.org. Um ensaio útil é Erica Weaver, "*Beowulf and the anglo-saxon mark: borders, transgression, and Grendel's arm*" (paper apresentado em conferência, New England medieval studies consortium graduate student conference, Brown University, March 2011), publicado em *Sententiae: The Harvard undergraduate journal of medieval studies*, 2 de junho de 2011.

74 Cuidado cultural

conhecer a realidade "tribal" que seus clientes estão enfrentando. Em certo sentido, um casamento desfeito se dá pela tensão não resolvida entre duas identidades tribais. Todos os casamentos são transculturais, de modo que um bom terapeuta ajudará a trazer à tona as questões e os recursos de cada cultura no relacionamento e, em seguida, auxiliará as duas culturas conflitantes a se unirem como complementos. O aconselhamento matrimonial acontece em um contexto geralmente de confiança, onde o marido e a esposa respondem à orientação do terapeuta. Mas no nível comunitário, e particularmente quando as tribos em conflito não demandaram um guia, um aspirante a terapeuta social enfrenta uma tarefa profundamente desafiadora.

Mearcstapa não é um papel confortável. A vida nas fronteiras de um grupo – e no espaço entre grupos – é propensa a perigos literais e figurativos, com pessoas tanto de sua própria tribo quanto entre os "outros" propensos a entender mal ou desconfiar das motivações, piedade e lealdade do espreitador-de-fronteira. Mas *mearcstapa* pode ser um papel de liderança cultural em um modo inovador, servindo a funções que incluem empatia, memória, advertência, orientação, mediação e reconciliação. Aqueles que viajam para as fronteiras de seu grupo e além encontrarão novas visões e conhecimentos que podem enriquecer o grupo.

Em O *Senhor dos Anéis*, J. R. R. Tolkien apresenta a figura sombria de Passolargo, o Arqueiro, em uma pousada na vila de Bree, onde o estalajadeiro confortável e hospitaleiro adverte os viajantes a não confiarem nele. Passolargo é um *mearcstapa*, e é, em grande parte, sua habilidade de entrar e sair de tribos e fronteiras que o torna um guia e protetor indispensável e que o auxilia a se tornar um líder eficaz, cumprindo seu destino como Aragorn, Alto Rei de Gondor e Arnor, unindo dois reinos. Ele até se casa entre tribos através de sua união com Arwen, filha de Elrond Meio-Elfo.

Muitas vezes os artistas são rotulados como "pessoas difíceis" na sociedade, difíceis de definir e notórios por serem independentes. Na história de Tolkien, os viajantes aceitam Passolargo como guia apenas quando recebem uma carta que o atesta. Mas Passolargo pode falar por muitos artistas em seu comentário para seus novos amigos relutantes: "Mas preciso confessar", acrescentou ele com uma risada estranha, "que esperava que me aceitasse por mim mesmo. Às vezes um homem caçado se cansa da desconfiança e anseia por amizade. Mas nesse ponto eu creio que minha aparência está contra mim".[2]

Estou dando o nome de *mearcstapa* a um papel que muitos artistas e outros assumiram naturalmente. Muitos outros que podem prosperar nesse papel passam pela vida com seu potencial inexplorado ou mal utilizado. Mas a qualidade de liderança que se esconde dentro deles é valiosa demais para ser descartada ou deixada adormecida. Identificar e fazer amizade com aqueles com esse dom, amizades as quais podem começar desajeitadas ou inadequadas, é fundamental para o cuidado cultural. Todavia, para atingir a maturidade completa, um *mearcstapa* precisará não apenas de amizade, mas também de cultivo deliberado em comunidade. Tolkien entendeu isso; ele nos conta mais tarde na história que Passolargo é apoiado em seu papel por outros patrulheiros e viveu por muitos anos treinando com os elfos de Valfenda e Lórien. Temos muitos "peregrinos" em nosso meio, e muitos em nossas comunidades e igrejas desconfiam deles. Precisamos começar a vê-los como "Aragorns", grandes líderes em potencial.

Artistas que venham a abraçar o papel de *mearcstapa* e encontrem apoio e treinamento para executá-lo podem se tornar líderes que tornam possível a reunificação de reinos divididos; eles podem ser reconciliadores de divisão e fragmentação. Eles podem liberar grande geratividade e florescimento.

Na história do bom samaritano que Jesus conta em Lucas 10, vemos um homem que é considerado pelos ouvintes como o

---

2 J. R. R. Tolkien, *Senhor dos Anéis: A Sociedade do Anel* (Rio de Janeiro: HarperCollins, 2022), p. 258.

76 Cuidado cultural

"outro" e o "inimigo" oferecendo generosa ajuda a um homem ferido, enquanto os religiosos profissionais e os respeitados membros de sua própria tribo falham em socorrê-lo. Os artistas têm uma grande capacidade de ver o "outro" como seu próximo no sentido em que Jesus define esse papel na parábola. Eles podem seguir sua instrução de "fazer o mesmo" ao mostrar misericórdia e tornar possível a plena convalescença (Lucas 10:37).

De onde procede essa abertura ao outro nos artistas? Algo disso pode emergir a partir da própria empatia conquistada pelos artistas, frequentemente exilados de uma identidade tribal normativa. Mas também é necessário treinamento para estender essa empatia. Na arte, treinamos constantemente para habitar ou representar o outro. Os artistas aprendem a ser adaptáveis e se misturam a um ambiente sem pertencer a ele, o que também exige o aprendizado de novas línguas tribais.

Essa é uma área com riscos e oportunidades reais. Às vezes, os artistas perdem a conexão com sua tribo original e sua identidade central ao se adaptarem a um novo ambiente. (Mencionei anteriormente as lutas de Whitney Houston com o sucesso. Seu caso é muito comum – embora seu legado também inclua muitos elementos gerativos). Mas se a adaptabilidade puder ser exercida sem sacrificar as crenças centrais e as convicções ideológicas, a experiência realmente aprofundará essas convicções. Tal experiência também marcará um caminho em direção a uma visão da cultura mais perceptiva e de escala ampliada.

A generosidade de um artista, nesse sentido, pode significar mediação nas guerras culturais, começando pela superação das caricaturas e injetando diversidade, nuance e até paradoxo na natureza da conversa, e depois passando a ensinar à sociedade uma linguagem de empatia e reconciliação. Artistas alicerçados podem fornecer pontos de encontro em torno dos quais a reconciliação pode se iniciar. Por meio de tais práticas, eles podem se tornar bons samaritanos para uma cultura dividida. Vamos explorar alguns casos fictícios e biográficos.

8

"Conte-lhes sobre o sonho!"

"Você nunca entende realmente uma pessoa", Atticus Finch nos diz em *To Kill a Mockingbird* (O sol é para todos), "até que você considere as coisas do ponto de vista dela... até você entrar na pele dela e andar por aí".[1]

No livro, vemos a filha de Atticus, Scout, correndo pelas ruas de Maycomb, Alabama, perseguindo seu irmão, Jem, e seu amigo Dill. "O condado de Maycomb foi informado recentemente de que não tinha nada a temer, a não ser o próprio medo", lembra Scout. Há uma quietude de olho de tempestade nas ruas; pessoas lentas e vagarosas que "entravam e saíam das lojas" e "se demoravam em tudo. Um dia durava 24 horas, mas parecia mais longo".[2] A Grande Depressão havia assolado o condado, o mesmo já havendo sido profundamente ferido pela Primeira Guerra Mundial. Porém, havia mais conflitos por vir.

A obra clássica de Harper Lee conduz o leitor ao coração desse conflito americano por intermédio de uma garota curiosa, mal-humorada e criativa. Scout é um *mearcstapa* na história, aprendendo a se ocultar dentro e fora de identidades tribais divididas por raça. E a própria Lee trabalhava como *mearcstapa*, escrevendo a fim de evocar empatia por entre os lados da divisão. *O sol é para todos* foi publicado originalmente em 1960. Harper Lee lembrou-se de seu pai, advogado do interior, e no personagem de Atticus Finch ela traduziu os princípios de justiça e igualdade que ele lhe ensinou por meio de

---

1 Harper Lee, *To kill a mockingbird* (Nova York: HarperCollins, 2002), p. 39.
2 Ibidem., p. 6.

uma grande obra de arte. Lee começou a contar o que chamou de "simples história de amor", mas o resultado foi um poderoso catalisador para transformar uma mentalidade cultural de fanatismo em respeito pela dignidade humana.

A arte de Lee remodelou o mundo. A ex-juíza da Suprema Corte, Sandra Day O'Connor, por exemplo, disse que o livro a fez querer se tornar advogada. O livro também prenuncia o discurso "I Have a Dream" (Eu Tenho um Sonho) de Martin Luther King Jr. – antecipando-o em três anos. Vejo *O sol é para todos* como um dos grandes artefatos culturais do século 20 para o enfrentamento de profundas questões humanas e como um modelo para nos ensinar a falar com criatividade empática transformando o rio cultural.

No livro, Atticus Finch defende Tom Robinson, um homem falsamente acusado de estupro. Sabendo que a cidade está conspirando para linchá-lo, Atticus "fica de guarda" em frente à prisão onde Robinson está detido. Ele coloca uma cadeira e uma luz de leitura do lado de fora da janela da cela, criando uma fronteira. Pode-se dizer que ele se utiliza de um subterfúgio teatral para afirmar sua causa – trazendo sua sala de estar direto para o coração do conflito. Criar essa fronteira e reconhecer a divisão é essencial para a reconciliação.

Uma multidão se reúne. Scout, Jem e Dill entram naquele círculo, deixando Atticus bastante nervoso. Scout então reconhece um rosto na multidão: "Você não se lembra de mim, Sr. Cunningham? Sou Jean Louise Finch. Você nos trouxe algumas nozes uma vez, lembra? [...] Eu vou para a escola com Walter, ele é seu filho, não é? Não é, senhor?"[3]

Scout lembra que "Atticus havia dito que era educado falar com as pessoas sobre o que elas estavam interessadas, não sobre o que você estava interessado".[4] Atticus havia ensinado

---

3　Ibidem., p. 205.

4　Ibidem.

"Conte-lhes sobre o sonho!" 79

a ela empatia. Então ela fala com o Sr. Cunningham utilizando uma grande palavra que Atticus lhe ensinou: "vinculação". O Sr. Cunningham trouxe as nozes para Atticus em agradecimento pelo trabalho que Atticus realizara para a família Cunningham. Agora, Scout lembra o Sr. Cunningham sobre o vínculo, ou a troca de um trabalho por outro. Isso torna-se um código para desbloquear sua humanidade, para ajudá-lo a recordar. Scout também utiliza isso para tocar em sua consciência, sua consciência de como os seres humanos devem tratar uns aos outros, com dignidade e respeito. E ela neutraliza a situação em sua inocência determinada. Tanto Atticus quanto Scout trazem um senso de humanidade para a divisão e ruptura, e ambos estão dispostos a ser espreitadores-de-fronteiras, comunicando-se intencionalmente através dessas fronteiras.

Nossa cultura fez algum progresso desde que Harper Lee escreveu pela primeira vez. Assim como nosso ponto de vista sobre a poluição mudou, agora um linchamento racial é praticamente impensável. Mas algumas coisas não mudam. Cada época parece encontrar seu próprio "outro". A tentação de aplicar uma "justiça" grosseira contra algum indivíduo ou grupo surge sempre que perdemos o foco em nossa humanidade comum e sucumbimos ao medo.

Assim como a multidão em frente à cela de Tom Robinson, nossa cultura ainda é propensa a criar bodes expiatórios, evitando nossa própria culpa e responsabilidade por problemas culturais ou sistêmicos, culpando indivíduos ou grupos inocentes. Ainda nos cegamos para as forças desumanizadoras que isso desencadeia. Com qualquer provocação, somos incitados por nossa mídia instantânea e onipresente a liberar nossos instintos mais básicos – podemos pensar neles como respostas culturais de lutar-fugir-congelar – em vez de nos comprometermos com o processo mais lento de buscar a verdade.[5] (Algo genuinamente novo é a multidão virtual, que pode ser tão desumana e culturalmente prejudicial quanto qualquer multidão física.)

Essa autodegradação de nossa humanidade em uma atitude de medo desesperado e irracional do outro é resultado de uma má administração cultural. Não é de admirar que nossa cultura ainda seja atormentada pelo cinismo, pela apatia e pela raiva. Ciclos de violência e vingança são uma realidade contínua. E quando nos concentramos em manchetes e *feeds* de notícias, podemos esperar mais do mesmo.

Como responderíamos – como respondemos – diante de uma multidão enfurecida pronta para cometer uma atrocidade contra nós ou algum "outro"? Revidaríamos, fogo contra fogo, ódio contra ódio? Scout oferece um modelo melhor. Ela nem sequer confronta o fanatismo argumentando por justiça. O que ela faz em sua ingenuidade é entrar na turba e recordar às pessoas que elas são seus vizinhos e próximos. Ela se torna um buquê de flores no coração do conflito.

Lembrar as pessoas acerca de nossa vida comum – de que somos próximos em primeiro lugar – é uma tarefa do cuidado cultural. Reconhecemos abertamente as fronteiras de nossos grupos e reconhecemos também as coisas legítimas que nos dividem. Nossa responsabilidade, então, é reumanizar essa divisão. A ênfase em nosso papel de próximo como parte de nossa identidade inicia esse processo, lembrando-nos de nossos espaços culturais e geográficos compartilhados e o fato de que a proximidade traz responsabilidade. Mesmo à parte do chamado de Jesus para amar o próximo, sabemos que nosso florescimento comum depende uns dos outros.

---

5   Muitos cristãos respondem de maneira semelhante a artefatos culturais, concentrando-se em ofensas superficiais em vez de se aprofundar o suficiente para ver as verdades.

"Conte-lhes sobre o sonho!" 81

Scout neutraliza a situação sendo plenamente humana, plenamente criança. O que ela faz ingenuamente, devemos fazer com coragem. Os conciliadores culturais devem falar como crianças – ou seja, inocentes em relação ao fingimento e cheios de esperança determinada, confiantes em nossa própria experiência de beleza e alegria na vida, conectados com o mais elevado potencial e chamado de nossa humanidade comum e esperançosos de encontrar esse bem na vida dos outros.

Nossas artes e conversas devem apontar para a beleza e a cura. Quando isso acontece, podemos lembrar a nossos próximos e a nós mesmos de quem somos e de quem podemos ser quando exercitamos nossa capacidade de empatia, gratidão e generosidade. Essa linguagem da empatia é verdadeiramente gerativa e é tão surpreendente em uma cultura cínica quanto a presença de Scout em meio à multidão na história. Quando uma voz tão inesperada surge, ela pode neutralizar a linguagem e as emoções da guerra cultural, reumanizar uma multidão e fornecer um caminho gerativo para a energia coletiva. Tal voz pode aproximar nossas tribos de uma atitude de mordomia cultural.

As artes apresentam a forma mais poderosa de resistência não violenta. As ações de Scout sob as lentes criativas de Harper Lee – sua disposição de entrar em um conflito e assumir um risco pessoal para convocar em ambos os lados sua humanidade mais profunda, ideais mais elevados e anseios mais entranhados – anteciparam milhares de marchas pacíficas por vir.[6]

O cuidado cultural afirma essa linguagem da empatia, que é fruto do amor ao outro. Precisamos criar contextos culturais

---

6 Scout também nos lembra da dificuldade da verdadeira não violência quando ela chuta um homem na canela por tentar tirar Jem de cena.

82 Cuidado cultural

onde esse amor por aqueles que estão fora das fronteiras de nossa tribo seja cultivado e modelado organicamente. Um ambiente de cuidado cultural alimentará e administrará nossas habilidades de sonhar, mesmo diante da injustiça, intolerância e perseguição.

Jesus disse a seus seguidores: "Eis que vos envio como ovelhas ao meio de lobos; portanto, sede prudentes como as serpentes e inofensivos como as pombas." (Mateus 10:16). Poetas, artistas e catalisadores criativos podem, como Scout, permanecer decididamente inocentes como pombas enquanto são sábios como serpentes no uso de sua criatividade. Lembretes da beleza podem apresentar justiça em palavras, imagens e canções que nos atraem e cativam nossa atenção até que sua verdade possa alcançar nosso coração e transformar nossa comunidade. O cuidado cultural é a extensão lógica da resistência não violenta à injustiça.

Em agosto de 1963, antes de fazer seu discurso "I Have a Dream" (Eu tenho um sonho) na marcha em Washington, o reverendo Dr. Martin Luther King Jr., se viu exausto por uma série de reveses, prisões, opressões e decepções. Ele estava tão desgastado fisicamente que passou muitas horas simplesmente descansando enquanto seus seguidores escreviam o discurso que faria no encontro histórico. Um de seus assessores próximos, Clarence Benjamin Jones, disse que "os preparativos logísticos para a marcha foram tão onerosos que o discurso não era uma prioridade para nós" e "na noite de terça-feira, 27 de agosto [doze horas antes da marcha], Martin ainda não sabia o que iria dizer".[7] Depois de caminhar alguns quilômetros até o

---

7   Clarence Benjamin Jones, "On Martin Luther King day, remembering the first draft of 'I have a dream,'" *The Washington Post*, 16 de Janeiro de 2011, www.washingtonpost.com/wp-dyn/content/article/2011/01/14/AR2011011406266.html.

Lincoln Memorial, ele se levantou para ler o texto preparado, mas sabia que algo não estava certo.

Mahalia Jackson, a grande cantora gospel que cantou antes da fala, ficou atrás do Dr. King durante todo o discurso. Enquanto ele lia, ela gritava: "Conte-lhes sobre o sonho, Martin; conte-lhes sobre o sonho!" Ao fim do discurso preparado, o Dr. King colocou seu texto de lado e começou a falar de improviso; a energia da plateia o empoderou, e o resultado foi o "I *Have a Dream*" que conhecemos hoje.

Imagine isso – um artista impulsionando um pregador cansado para discursar a partir de seu coração. Dr. King era um artista do sonho, mas foi preciso outro artista para reconhecer a arte que estava sendo retida pelo contexto do ajuntamento.

Os artistas precisam ficar atrás dos púlpitos dos pregadores, professores e líderes e lembrá-los de "contar sobre o sonho!" Parte de nosso chamado é lembrar os líderes para onde eles estão marchando, para alcançar os recessos mais profundos de suas próprias visões. Às vezes, precisamos lembrá-los da necessidade de abandonar o texto preparado. Artistas que operam como *mearcstapas* podem exortar dessa maneira, para além de uma linguagem tribal pré-estabelecida em direção a uma linguagem visionária e extemporânea do coração, como em um jazz. Essa música convida todos a se tornarem artistas extemporâneos do cuidado.

Em uma noite fria e chuvosa na cidade de Nova York em 2010, fui convidado para participar de um painel para uma exibição especial de *Countdown to Zero*, um filme sobre desarmamento nuclear. O amigo que organizou a reunião ficou desapontado com a presença do público; cerca de apenas trinta pessoas vieram. Ele se desculpou pela baixa participação ao público e aos membros do painel, que também incluía o líder dos direitos civis Jesse Jackson. Jackson o deteve: "Lembro-me do dia em que

84 Cuidado cultural

Martin proferiu seu famoso sermão na Riverside Church", disse Jackson. "Havia apenas cerca de trinta pessoas também."

O painel passou a discutir uma iniciativa do presidente Ronald Reagan e do presidente Mikhail Gorbachev para eliminar as armas nucleares. A certa altura, Jackson falou novamente: "Foi somente quando Marvin Gaye começou a cantar essa música ["What's Going On"] que nosso movimento pelos direitos civis se tornou um movimento verdadeiro." Ele me olhou diretamente nos olhos e disse: "Precisamos de artistas porque eles nos dão músicas para cantar".

Conectar justiça com beleza é essencial. Qualquer causa em que acreditamos precisa de uma música que todos possam cantar, uma música para marchar ou reunir, uma música que atraia as pessoas para que elas aprendam a se importar. Artistas são os únicos a fornecer a música. Mas os artistas não estão presentes apenas para entreter a multidão; como Mahalia Jackson, eles podem desempenhar o papel de revelar o coração de um movimento. Isso é possível porque eles, como *mearcstapas*, devem aprender não apenas a falar as línguas tribais, mas também a negociar com línguas e canções que conectam as pessoas além das fronteiras. Os artistas são, nesse sentido, preparados de maneira única para criar uma beleza universal, ou que aponta para o universal. Eles escrevem músicas que todos podem cantar.

Os artistas são, por si só, líderes: talvez eles não inspirem com um discurso, preguem de um púlpito ou possuam uma empresa, mas são líderes por sua consciência e observação, por causa das histórias que contam e da linguagem e dos símbolos que criam. O psicólogo Howard Gardner, criador da teoria das "inteligências múltiplas", escreve:

"Conte-lhes sobre o sonho!" 85

De fato, criadores e líderes são notavelmente semelhantes. Ambos os grupos procuram influenciar os pensamentos e comportamentos de outras pessoas. Ambos estão, portanto, engajados no empreendimento da persuasão. Além disso, cada líder ou criador tem uma história para contar: um criador contribui para a história de um domínio que foi escolhido; um líder cria uma história sobre seu grupo. Em última instância, a incorporação é importante para ambos os grupos: um líder deve incorporar suas histórias em sua vida diária; um criador deve encarnar sua história realizando uma obra em seu domínio. A diferença está no tipo de direcionamento e objetividade dessa influência.[8]

A sugestão de Mahalia Jackson ao Dr. King o liberou para falar a partir do coração. Mas seu próprio trabalho artístico, poderoso, como o de Marvin Gaye mais tarde, era ainda mais um "empreendimento de persuasão", um esforço, como ela disse, para "quebrar um pouco do ódio e do medo que dividem" as pessoas.[9] Era um trabalho de espreitador-de-fronteiras. Ela usou sua influência indireta como criadora para se tornar uma líder mais direta e objetiva. E ela fez isso mantendo-se fiel às suas convicções fundamentais.

Nem todos os artistas podem ou devem seguir Jackson em uma liderança aberta e direta, mas ela ainda é alguém que todos nós devemos imitar. Influência de qualquer tipo pressupõe responsabilidade, e Jackson é um modelo de influência bem aplicada. Os artistas têm a responsabilidade de usar sua força persuasiva para criar o "mundo que deveria ser" e evitar o mau uso de suas habilidades, que podem se tornar tão autodestrutivas. Uma maneira segura de fazer isso é usar sua influência para iluminar o caminho da empatia.

---

8   Howard E. Gardner, *Intelligence reframed: multiple intelligences for the 21st century* (Nova York: Basic Books, 2000), p. 130-49.

9   Citado em Alden Whitman, "Mahalia Jackson, gospel singer and a civil rights symbol dies," *Nova York Times*, 28 de Janeiro de 1972.

9

Duas vidas nas margens

Artistas como *mearcstapas* podem fornecer uma linguagem cultural significativa ou mesmo novos princípios operativos para nossas sociedades e igrejas. Harper Lee e Mahalia Jackson viram além de suas próprias realidades. Assim também, em seus próprios tempos e contextos, o fizeram a poetiza Emily Dickinson (1830-1886) e o pintor Vincent van Gogh (1853-1890).

Emily e Vincent são exemplos concretos de *mearcstapas* vivendo em tempos que prefiguram o nosso. Eles anteciparam o pleno florescimento da modernidade, intuindo a ascensão do pragmatismo utilitarista e criando obras que falavam – e ainda falam hoje – contra a desumanização. Nenhum deles se encaixa bem com sua própria cultura. Ambos ansiavam que seus dons fossem reconhecidos e cuidados, mas deixaram abundantes evidências em suas cartas de que essa incompatibilidade surgia de propósitos maiores, nem sempre articuláveis, aos quais se sentiam chamados.

Tanto Emily quanto Vincent lutaram em suas vidas particulares para se encaixar no contexto de suas igrejas. Gosto de usar seus exemplos para apontar algumas possibilidades futuras de papéis dos artistas na sociedade e na igreja. A visão deles era criativa e artística, mas também teológica e intimamente ligada ao que eles consideravam ser a adoração verdadeira.

NOS TRAVESSÕES

Vejo nas obras de Emily Dickinson e Vincent van Gogh uma peregrinação em direção às margens da sociedade, muitas vezes se afastando intencionalmente de suas próprias fronteiras seguras da cultura tribal familiar. Vincent começou a aprender

88 **Cuidado cultural**

a desenhar quando, como evangelista, passou um tempo nas minas de carvão belgas, compartilhando da escuridão miserável dos mineiros. Emily se retirou para um canto de seu quartinho, mas, ao fazê-lo, levantou voo em seus poemas.[1] Observe este poema de 1879 sobre um beija-flor:

> Uma rota de evanescência
> Com uma roda giratória
> Um ressoar de esmeralda
> Um ruflo de cochonilha
> E cada flor em seu arbusto
> Ajusta a cabeça franzina –
> Quiçá, vem carta de Túnis
> A boa viagem matutina –[2]

Esse poema lúdico é uma iluminação. A menção à esmeralda e à cochonilha — um corante bordô extraído de um pequeno besouro indiano, corante que utilizo em meus trabalhos — reforça a qualidade pictórica de seu poema. Sua menção a Túnis, uma cidade do norte da África outrora conhecida pela pirataria, conota uma aventura exótica a partir de um lugar onde os esplendores do passado são ocultos e revelados. Como Emily passou a vida em Amherst, Massachusetts, Túnis serve mais como um local mental do que físico. Suas referências a cidades estrangeiras são comparáveis às percepções de Van Gogh sobre o "Japão" – um lugar estrangeiro paradisíaco inacessível ao artista. A "rota de evanescência" de um beija-flor confere um esplendor tão exótico como o "passeio matinal" rotineiro de um carteiro.

Esse é um bom exemplo de como a própria estrutura de sua

---

1   Este capítulo inclui material adaptado de "Refractions 36: 'The Hyphen of the sea"—A *journey with Emily Dickinson* (Parte 1)," 25 de maio de 2011, www.makotofujimura.com/writings/refractions-36-the-hyphen-of-the-sea-a-journey-with-emily-dickinson-part-1.

2   Emily Dickinson. *Poesia completa* (*Volume II*), trad. Adalberto Müller. Brasília, Editora UNB, 2019, p. 16.

escrita ecoa o que ela observou na natureza – o ritmo iâmbico desses versos, as rimas oblíquas (giratória/cochonilha, franzina/matutina) alternando entre os versos e as aliterações (ressoar/ruflo), tecendo dentro e fora, assim como um beija-flor em busca de néctar. A jornada *mearcstapa* de um artista pode não ser física. Em sua poesia, ao se identificar com um beija-flor, Emily caminha para as margens. De sua pequena janela, ela nos conduz em uma jornada imaginativa de espreitar fronteiras. As notícias daquela terra distante ("carta de Túnis") são ao mesmo tempo atraentes e ameaçadoras. A "roda giratória" nos lembra a visão de Ezequiel e, como em todos os seus poemas, ela se baseia em uma linguagem aprendida como filha dos calvinistas de Amherst.[3] Seus ritmos são retirados de hinos que aprendeu a tocar no piano. Também é evidente que seus poemas são confissões de seu profundo luto e de como ela se considerava inadequada para a igreja e optou por não participar, mesmo quando o Grande Despertamento se expandiu no Norte.

Quando visitei a casa de Emily Dickinson em Amherst, nosso grupo foi levado para o quarto dela no segundo andar. Ali, junto com uma pequena cama, está uma réplica de sua escrivaninha, a delicada escrivaninha de madeira de uma única gaveta que ela usava para escrever seus poemas. É feito de madeira de cerejeira, com cerca de quarenta e quatro centímetros quadrados.

Um lembrete da vida de Emily é que não é preciso nada mais do que um espaço pequeno e dedicado para causar um impacto significativo na cultura. Ela não tinha editora, tampouco um ambiente de escrita encorajador – ninguém sabia que ela estava escrevendo tanta poesia. Contudo, ela tinha sua escrivaninha e um abajur, isso era suficiente para que ela se levantasse todos os dias, às três da manhã, para escrever.

---

3 Veja o livro de Ezequiel, principalmente os capítulos 1, 3, 10 e 11.

90 Cuidado cultural

Para sermos gerativos, talvez tenhamos de encontrar maneiras de proteger nossa criatividade à luz de recursos limitados. Quando falo a grupos de artistas, muitas vezes pergunto: "Você tem sua própria mesa de quarenta e quatro centímetros dedicada ao seu ofício?".

As lutas bem documentadas de Emily com a fé a colocam no limite do discurso entre fé e cultura; no entanto, é precisamente por causa de suas lutas que ela é valiosa para a igreja e para qualquer um que deseje se defrontar profundamente com os temas de fé, arte e cultura.

Descobri, como líder local em comunidades e igrejas, que os outros não sabem o que fazer contigo se você se identificar como artista. As coisas são muito mais fáceis se você for um advogado ou contador. No treinamento de liderança de ministérios eclesiásticos e para eclesiásticos, aqueles que não se encaixam na agenda de programas predefinidos são frequentemente marcados como difíceis de discipular, ou mesmo como infiéis.

Emily Dickinson, quando jovem, ao frequentar uma escola de prestígio em Amherst, experimentou algo semelhante, embora mais incisivo. Sua professora, Mary Lyons, foi a fundadora do Seminário Feminino Mount Holyoke – sendo também evangelista. Lyons criava categorias para meninas e dividia regularmente seus alunos em três grupos: seguidores comprometidos de Cristo ("cristãos"); aqueles que esperam tornar-se cristãos ("esperançosos"); e aqueles que estavam sem esperança de se tornarem cristãos ("desesperançosos"). Lyons incluiu Emily na terceira categoria.[4]

Emily se recusou a participar das ondas de avivamento que varreram Amherst e nas quais familiares e amigos experimentaram a conversão. Ela escreveu para sua amiga Jane Humphrey: "Cristo está chamando todos aqui, todos os meus

---

4   Sydney R. McLean, "Emily Dickinson at Mount Holyoke," *The New England quarterly* 7, no. 1 (1934): p. 25-42.

companheiros responderam, até meu querido Vinnie acredita que o ama e confia nele, e eu estou sozinha em rebelião".[5]

Manter sua integridade sozinha certamente exigia uma medida de coragem. Essa "rebelião" pode ter sido despertada cedo pela morte repentina da amiga de 13 anos de Emily, Sophia Holland, um evento que a afetou tão profundamente que ela adoeceu e teve que se afastar da escola. Ela era, então, uma garota excepcionalmente reservada e articulada, cujas cartas da primeira infância demonstram seu entusiasmo por aprender e escrever por meio de frases espirituosas e detalhadas.

Ler as cartas de sua vida é um encontro contínuo com a morte. Vê-se em sua escrita as frases fundidas substituídas por vários travessões. Esses travessões permaneceram sua expressão e identidade únicas – ela se viu nos travessões, no espaço liminar e transitório entre a vida e a morte. Em teoria, cada morte poderia ter sido uma oportunidade de aplicar o ensino puritano de buscar o eterno, mas Emily sentiu cada perda tão intensamente que, em vez disso, ela questionou profundamente a bondade de Deus e foi arrastada para o lamento e o isolamento.

Ao passo que ela amadurecia em sua rejeição à teologia calvinista, sua linguagem satírica se aguçou. Mas sua rebelião se deu em grande medida contra as categorias rígidas e imprecisas pelas quais as pessoas tentam obscurecer a complexidade e o sofrimento do mundo. Tais categorias podem se tornar tentativas de reduzir as rodas da visão de Ezequiel, em toda sua beleza e terror, às engrenagens reguladas de um relógio pendular; são tentativas de enjaular um beija-flor.

RUMO À NOITE ESTRELADA

Não muito depois, mas em outro canto da Terra, Vincent van Gogh fez uma pintura, assombrado pelo espectro paralelo

---

5   Roger Lundin, *Emily Dickinson and the art of belief*, library of religious biography (Grand Rapids: Eerdmans, 1998), p. 53.

de sua própria existência liminar. Enquanto Emily Dickinson optou por ficar em casa, Vincent viajou para longe de seu lar na Holanda, primeiro como evangelista entre os mineiros de carvão na Bélgica e, finalmente, para Arles, na França, onde encontrou sua morte precoce.

Poucos sabem que Vincent nasceu em uma linhagem de pastores reformados holandeses e que, ele próprio, treinou para o pastorado. Foi somente quando os anciãos da igreja rejeitaram seu chamado que ele começou a trabalhar como evangelista. Ele viveu entre os pobres com devoção franciscana. Mas as autoridades que o enviaram ficaram horrorizadas com as condições miseráveis que ele escolheu compartilhar. Eles o rejeitaram novamente e o declararam "impróprio para a dignidade do sacerdócio".

A dupla rejeição pela igreja de seu desejo de encarnar-se plenamente na vida dos mineradores de carvão deve ter sido profundamente dolorosa. Não é de admirar que ele, como Emily, tenha rejeitado "o Deus dos clérigos".[6] Foi enquanto trabalhava nas minas de carvão belgas que ele começou a desenhar retratos dos mineiros. Ele ainda não era formalmente treinado em pintura ou desenho e, no entanto, enquanto desenhava, descobriu que visualmente podia comunicar mais profundamente sobre a compaixão que sentia pela humanidade do que verbalmente no púlpito. "Sinto que não há nada mais verdadeiramente artístico do que amar as pessoas", escreveu.[7]

A arte tornou-se uma maneira de Vincent capturar, mesmo à luz de velas, os momentos de gênese escondidos por trás de cada rosto escurecido – uma maneira de explorar o potencial de cada momento, de ver novamente as lutas da vida à luz da presença de Cristo. Suas pinturas são parábolas cheias de cor

---

6 Carta #164, de Vincent van Gogh para Theo van Gogh, c. 21 de dezembro de 1881. Veja em http://vangoghletters.org

7 Citado em Fritz Erpel, *Van Gogh: the self-portraits* (Nova York: New York Graphic Society, 1969), p. 17.

próprias dos momentos de gênese, dadas gerativamente a nós em carne com tela e tinta. Na época de sua trágica morte, ele havia dedicado apenas três anos de sua vida às pinturas pelas quais é conhecido, obras que agora compõem coleções de museus de todo o mundo.

***

O tempo gasto em consideração à famosa Noite Estrelada de Vincent pode se tornar uma jornada ao coração de um mearcstapa. A pintura é ambientada em Arles, França. Observe que bem no centro da pintura há uma igreja reformada holandesa branca. Vincent importou um edifício de igreja de sua infância, colando-o na paisagem francesa para criar uma parábola de sua própria vida.

Se você obscurecer a igreja colocando um dedo sobre ela, a pintura se desfaz visualmente. A igreja é a única forma vertical, além do cipreste dominante à esquerda, que se projeta para quebrar os planos horizontais. A árvore e a igreja são as duas formas que conectam o céu e a terra. Sem a igreja, o cipreste assume o turbilhão do movimento e não há um centro visual para manter a pintura em tensão.[8]

Observe também como as casas ao redor da igreja são iluminadas com luz quente. A igreja é o único edifício na pintura que está completamente escuro. Aqui reside a mensagem de Vincent, particular à realidade de ser um espreitadores-de--fronteiras: o Espírito deixou a igreja – pelo menos o edifício – mas está ativo na natureza. Se você seguir o fluxo visual da pintura, seu olho circulará para cima, ainda ancorado pelo prédio da igreja. Seu olhar vai parar no canto superior direito,

---

8   Esta seção e partes do capítulo seguinte são adaptadas do meu discurso de formatura de 2012 para a escola de pós-graduação da Biola University. O texto completo pode ser encontrado em "The starry night': Biola University Commencement Address, may 2012," 26 de maio de 2012, www.makotofujimura.com/writings/the-starry-night-biola-university-commencement-address-may-2012.

94 **Cuidado cultural**

no Sol/Lua. Essa não é apenas uma lua, nem um sol, mas uma combinação. Vincent queria mostrar que o Espírito de Deus transcende até mesmo a natureza – que na ressurreição, na Nova Terra e no Novo Céu, uma ordem completamente nova moldará as coisas por vir.

Em 23 de junho de 1888, Vincent escreveu a Émile Bernard, um artista mais jovem:

> (Mas, visto que nada se opõe a isso –) supondo que haja também linhas e formas, bem como cores nos outros inúmeros planetas e sóis, seria louvável de nossa parte manter certa serenidade em relação às possibilidades de pintar sob condições superiores e condições de existência alteradas, uma existência alterada por um fenômeno não mais estranho e não mais surpreendente do que a transformação da lagarta em borboleta, ou da larva branca em besouro.[9]

Você e eu somos lagartas prestes a se transformar em borboletas. Estamos no limiar de ver o que o estudioso bíblico N. T. Wright denomina acerca da realidade pós-ressurreição como a "vida após a 'vida após a morte'".

Vincent pintou essa "condição de existência superior e alterada" como se esta já estivesse aqui – mas ainda não completamente. Ele desenvolveu uma dicção visual que serve como uma ponte entre nossa condição atual e uma futura condição de gênese, transformada. Ele imaginou a transformação e pela fé pintou o mundo vindouro, como um *mearcstapa* caminhando nas fronteiras entre a terra e o céu. Ele também descreveu um mundo que estava intuindo, um mundo no qual a igreja ainda mantém as coisas unidas estruturalmente, mas no qual a luz saiu do prédio da igreja.

---

9   Carta B8, de Vincent van Gogh para Émile Bernard, 23 de junho de 1888; in *Vincent van Gogh: painted with words* (Nova York: Rizzoli, 2007), 190-92.

10

Nosso chamado na noite estrelada

A arte levanta questões. Ela sonda nossas vidas como parábolas vivas. Uma questão que precisamos considerar é: o que
fazer se Vincent estivesse certo? O que fazer em uma cultura
na qual a luz do Espírito deixou os prédios da igreja e seguiu
rodopiando na natureza, nas margens da vida? O que fazer em
uma cultura na qual a igreja é vista apenas como uma memória
estrutural sem vida dos fundamentos morais que impedem o
mundo de desmoronar?

Pois estamos, com efeito, vivendo no mundo que Vincent
descreveu. A igreja manteve a estrutura da verdade, mas perdemos em grande parte o contato com o Espírito na criação da
beleza. A igreja não é mais o contexto em que as massas co-
nhecem o Criador da beleza. Tim Keller, meu antigo pastor, diz
que nós, cristãos, recebemos Jesus como nosso Salvador, mas
também devemos recebê-lo como nosso Criador.

Muitos notaram que os membros de nossas gerações emer-
gentes não estão ansiosos para se unir a uma igreja. A deno-
minação que mais cresce, disseram-me, é aquela denominada
pelo termo "nenhuma". Essas pessoas mais jovens mostram
pouco interesse pelo denominacionalismo e, no entanto, não
parece que tenham desistido de Jesus ou da vida do Espírito;
eles investem muito mais na busca de justiça e no cuidado com
o meio ambiente do que a minha própria geração. Talvez muitos nas gerações mais jovens estejam se tornando *mearcstapas*,
artistas das fronteiras e das margens.

ÚTIL OU VALIOSA?

Ultimamente, as artes têm sido vistas como úteis para a economia – mas isso certamente perde de vista por que precisamos cuidar da cultura. Avaliar as artes com base em uma métrica econômica torna a utilidade o resultado final, distorcendo o que deveria ser a nossa cosmovisão.

O pragmatismo utilitarista está relacionado a um mundo em que a visão é despida de transcendência. Antes da era moderna no Ocidente, a narrativa da cristandade fornecia uma visão do mundo em que o "sentido último" era o pleno florescimento da humanidade. Na falta dessa visão, acostumamo-nos a uma realidade em que qualquer coisa e qualquer pessoa destituída de valor em dado momento pode ser descartada.

Às vezes, tornamo-nos cientes de nossa própria escolha inconsciente a favor da utilidade e da fragmentação em detrimento da beleza e da inteireza por nossas próprias reações, assim como em minha reação ao cuidado de Judy, o que acabou por revelar minhas suposições. Geralmente nossa intenção inicial é apropriada: uma tomada de decisão pragmática e responsável. Alimentar-nos durante o próximo fim de semana é bom. Porém, esse não é nosso "fim principal" (nas famosas palavras do Breve Catecismo de Westminster). Nosso chamado, simplesmente como humanos – e mais ainda como seguidores de Cristo – é mais amplo do que nossa carreira e nossa sobrevivência, mesmo na era moderna.

O pensamento utilitarista geralmente é dissimulado, mas ainda assim o mesmo pode resultar, se permitirmos sua presença, em um aprisionamento ao longo da vida. Tomemos o exemplo da universidade. A maior parte de nós tem sido pragmático, vendo a universidade como uma entidade transacional em que o aluno gasta quatro anos de tempo e mensalidades para receber de volta uma carreira lucrativa. Os pais aconselham seus filhos a se especializarem em algo "útil" e não em humanidades, muitas vezes sob a ameaça de reter o apoio financeiro. Desejar uma carreira sustentável é nobre, mas tais recomendações degradam a educação – e nossa humanidade. O objetivo pragmático de ter um diploma útil pode se transformar em um dogma – ou, pior, reafirmar uma suposição inquestionável – de que você somente vale a pena se for útil. Esse é um dos efeitos de viver em uma cultura onde a utilidade é a maior virtude. Estamos muito propensos a ver um ser humano ou empreendimento humano como valioso apenas quando é útil para o todo, seja uma empresa, família, comunidade ou até mesmo uma igreja. O resultado é que os indivíduos que não atendem a esse padrão se tornam "outros", uma atitude que resulta em seu exílio do mundo funcional "normal". Aqueles que são deficientes, aqueles que são oprimidos ou enfraquecidos, ou aqueles que não têm voz, logo são implicitamente vistos como inúteis e, então, como descartáveis.

Não é de admirar que alguns grupos estejam pressionando para conceder aos nossos idosos e deficientes o "direito de morrer", e que muitos estejam dispostos a ser persuadidos por argumentos como os apresentados pelo filósofo Peter Singer e o evangelista ateu Richard Dawkins para a eliminação de crianças com Síndrome de Down. Basta dizer que tais argumentos são lógicos apenas se admitirmos o dogma de que estamos presos, com recursos escassos, em um mundo materialista onde aqueles que são considerados inúteis despendem recursos necessários para seres humanos normais. Com demasiada frequência, a crença em tal mundo cria uma maquinaria utilitária de homogeneidade, manipulação e controle dirigido por aqueles que pretendem falar pela espécie humana ou pelo meio ambiente. Entretanto, muitos de nós, ou talvez todos nós, seremos considerados inúteis em algum nível em tal modelo.

O CHAMADO ALÉM DA UTILIDADE

Os valores do cuidado cultural vão muito além do materialismo em direção ao valor humano supremo do amor – em direção a uma realidade gerativa. Os artistas sabem instintivamente que a beleza, o deleite e o maravilhamento estão além dos recursos que supomos que temos. Assim, eles são frequentemente os delatores que nos tornam cientes acerca das visões limitadas e distorcidas. Suas intuições dão origem à música, arte, dança e poesia que, desafiadora e alegremente, ultrapassam os limites fechados da natureza em direção ao mistério da existência. As expressões artísticas são sinais que declaram o que é ser plenamente humano.

A arte, em última análise, não é "útil". Não serve para nenhuma função prática. É por isso que ela é indispensável, especialmente na era moderna. Dana Gioia disse com razão que "não fornecemos educação artística para criar mais artistas, embora isso seja um subproduto. O verdadeiro propósito da educação artística é criar seres humanos plenos, capazes de levar uma vida bem-sucedida e produtiva em uma sociedade livre".[1] Fornecemos educação artística para que possamos ter melhores professores, médicos, engenheiros, mães e pais. As artes não são um luxo, mas um caminho para educar todo o indivíduo para o florescimento. Elas são necessárias simplesmente porque uma civilização não pode ser uma civilização sem as artes. Uma grande civilização é uma forma de arte da mais elevada ordem.

Os negócios, a educação e até a "indústria" das artes são movidos (às vezes de forma inconsciente) pelo pensamento utilitarista. Mesmo ao definir atualmente o chamado, muitas vezes sucumbimos ao pragmatismo. Muitas vezes ouvi líderes de igrejas dizerem que, se você não tem a oportunidade de encontrar um público para seus dons, esse é um sinal de que você não foi chamado para esse campo de atuação. Responda às "necessidades" do mundo, eles aconselham. Se Emily e Vincent tivessem seguido esse conselho pragmático, não teríamos a

---

1   Dana Gioia, palestra de abertura do ano letivo (Stanford University, Stanford, CA, June 18, 2007).

arte deles hoje. Nenhum deles encontrou um público para sua arte em sua vida, mas eles foram realmente chamados para sua arte, e há muito a aprender com suas jornadas – principalmente por causa das promessas não cumpridas que suas vidas e seus chamados representam.

Os *mearcstapas* são chamados para as margens, para espreitar as fronteiras, movendo-se entre as tribos tradicionais e o desconhecido. Vincent e Emily criaram em resposta às suas próprias bússolas internas, sua própria urgência de necessidade de criar. Ambos seguiram, muito conscientemente, o mestre supremo *mearcstapa*, Jesus. Eles simplesmente não podiam seguir nenhum outro caminho.

Os artistas são frequentemente rotulados erroneamente como pouco práticos ou inúteis porque sua intuição percebe as realidades culturais antes que elas se manifestem na sociedade. E certamente Emily e Vincent viram as verdadeiras necessidades de sua cultura. Eles foram guiados pelo Espírito, que falou em sua arte e lhes mostrou as realidades tribais fraturadas de nossos tempos moderno iminentes, aos quais eles responderam proclamando uma linguagem profética de reconciliação.

Na vida deles, Emily e Vincent foram forçados a operar em categorias predeterminadas, domínios estritamente limitados de como eles deveriam servir a Deus. Essas categorias, embora muitas vezes criadas com a melhor das intenções, são reducionistas. Elas limitam a forma como vemos a humanidade, para não mencionar Deus, e não consideram seus conflitos profundos com a fé, ou mesmo sua ausência, que tantas vezes faz parte da jornada *mearcstapa*. Os artistas muitas vezes confundem rótulos pragmáticos e se revoltam contra a desumanização e a fragmentação inatas em tais categorias. Nesse sentido, todos os artistas são *mearcstapas*, guiando-nos para um mundo de abundância e complexidade.

Artistas mais jovens costumam me perguntar se sua arte é "boa o suficiente" e se eles são chamados a ser artistas. Minha resposta é: "Se você não tem certeza, você não foi chamado". Isso pode parecer duro, mas a realidade das artes exige que sigamos nosso chamado, não importa o que os outros pensem ou mesmo o que acreditamos. Quando a arte é simplesmente o que devemos fazer para permanecermos fiéis a nós mesmos, ela é um chamado.

Não é de surpreender que Emily e Vincent – e sua arte – tenham sido marginalizados, pois ambos intuíam que tal existência de exílio era a única maneira de permanecer consistente com sua humanidade, dadas as pressões culturais de seu tempo. No entanto, mais de um século depois, essas duas almas exiladas ainda falam eloquentemente sobre o que nossos corações anseiam. Os poemas de Emily nos dão palavras para expressar nossa própria resistência à utilidade. As pinturas de Vincent oferecem parábolas de beleza que semeiam sementes de autenticidade em nossas almas feridas e desumanizadas. Suas obras são antídotos ao impulso utilitário de ganho comercial e ideológico, remédios para o veneno presente no rio da cultura. Eles oferecem à nossa cultura moribunda buquês imperecíveis, presentes de beleza duradoura que não queremos recusar.

Cada desafio é uma oportunidade para exercitar o pensamento gerativo, para pensar através dos medos e buscar a luz que ainda brilha, por mais que esteja obscurecida. O salmista nos diz que "os céus proclamam a glória de Deus" (Salmos 19:1). Se a igreja está escurecida, talvez devêssemos focar onde o Espírito está se movendo e prestar atenção onde as cores são mais intensas. A realidade do evangelho fala não apenas acerca do que fazemos dentro de nossas igrejas, mas também da presença do divino já evidente na natureza e em toda a criatividade humana.

Em um mundo em que as igrejas são vistas como escurecidas, não podemos praticar a fé do "domingo" e viver como se Cristo não estivesse presente no resto da semana. Precisamos reconhecer a presença da graça nas áreas mais sombrias, mesmo — especialmente — nas áreas nas quais preferimos nos esconder de Deus. Em vez de falar de Deus principalmente na vida pessoal e nos ambientes da igreja, devemos proclamar Deus como a fonte de toda vida doadora de luz. Devemos encontrar Deus na própria estrutura de nossos chamados como professores, enfermeiros, engenheiros, artistas e escritores. Devemos ver nossas ocupações como parte da gloriosa realidade na qual Deus já manifestou a face incorruptível do Espírito.

A igreja não é um edifício, mas um coletivo da almas das pessoas a quem Deus está chamando para uma vida profunda e comunhão eterna consigo mesmo. Sejamos políticos, dançarinos, empresários ou encanadores, somos chamados para a noite estrelada de nossa existência complexa, à medida que também mergulhamos no mistério mais sombrio de nossa visão do século 21. Porque os "céus proclamam a glória de Deus" devemos ser tochas perfumadas de verdade e justiça, levando o aroma da beleza para fora dos muros de nossa instituição. Também podemos trazer nossas pequenas ofertas como velas acesas de volta aos santuários escurecidos da igreja. Quanto mais escuro o edifício, mais pronunciados esses pequenos atos de serviço parecerão.

Podemos seguir o chamado de Cristo, criando em amor, como Vincent fez – amando o mundo que o rejeitou e desejando estar em casa na igreja, o único edifício sem luz. Cristo, a Luz do mundo, é o *mearcstapa* supremo, um pastor-artista, que espreita as fronteiras de nossa existência tribal e traz a luz das boas novas da nova tribo que já está aqui e ainda está por vir. A luz de Cristo brilhará através de todas as trevas e não se apagará.

———

O cristianismo ocidental no século 20 caiu em uma existência "adjetiva", com música cristã, arte cristã, encanadores cristãos, e assim por diante. Mesmo hoje, os artistas são frequentemente valorizados na igreja apenas se criam arte para a igreja, ou pelo menos "arte cristã". Não podemos "usar" as artes para evangelismo ou discipulado mais do que podemos "usar" um ser humano para propósitos utilitários. O cuidado cultural significará afastar-se desses rótulos. Não há necessidade de repudiar esses termos de forma absoluta, mas precisamos perceber que essas categorias em si são concessões às pressões modernas. Elas são uma rendição voluntária ao pragmatismo utilitarista, e seu uso conduz apenas ao desdém e à indiferença. Em última análise, esses termos minam nosso mandato de infundir a vida em sua totalidade com a presença de Cristo.

Não sou um artista cristão. Eu sou um cristão, sim, e um artista. Não ouso tratar a presença poderosa de Cristo em minha vida como um adjetivo. Quero que Cristo seja todo o meu ser. Vincent van Gogh também não era um artista cristão, mas em Cristo ele pintou os céus proclamando a glória de Deus. Emily Dickinson não era uma poetisa cristã e, no entanto, através de seus conflitos honestos, dando asas às palavras, suas obras – como as de Vincent, como as de Harper Lee, como as de Mahalia Jackson – falam para o mundo inteiro como visões integradas da beleza contra a injustiça. É hora de os seguidores de Cristo deixarem Cristo ser o substantivo em nossas vidas, deixar todo o nosso ser transbordar com o esplendor e o mistério de Cristo como as cores de um pintor, a beleza inesgotável que atrai as pessoas. É hora de seguir o Espírito até as margens e para fora das portas da igreja.

11

Abrindo os portões

Seria esse tipo de quadro referencial, além das portas da igreja, necessário para orientar os *mearcstapas* — para prepará-los para o sucesso em sua missão?

Recentemente um amigo artista observou que em João 10, a parábola do pastor e suas ovelhas, Jesus fala de uma realidade em que a porta se abre para o mundo, e afirma: "Eu sou a porta das ovelhas" (João 10:7). O portão aberto é o motivo pelo qual uma ovelha pode deixar o rebanho e se perder (como em Lucas 15). O trabalho do pastor é guiar as ovelhas através do portão e além, ajudá-las a encontrar a melhor grama e protegê-las – não mantê-las presas em seu aprisco. O aprisco tem uma função clara, mas não precisamos de um bom pastor se as ovelhas estão sempre trancadas para evitar danos.

Jesus, entretanto, promete segurança tanto dentro como fora do aprisco: "Eu sou a Porta. Quem passar por mim será bem cuidado – entrará e sairá e encontrará pastagem" (João 10:9 A *mensagem*). A palavra aqui traduzida como "cuidado" ("salvo" em muitas traduções) significa preservar algo seguro e ileso, evitar que algo seja perdido e também curar, sarar ou restaurar a saúde plena. As ovelhas nessa imagem são protegidas explicitamente com o propósito de sair e entrar – para cruzar fronteiras, podemos dizer – para que possam prosperar.

Nos últimos anos, muitas igrejas e comunidades perderam esse ponto. Criamos fronteiras tribais rígidas com barreiras altas e portões fechados para manter nossas ovelhas no curral, a salvo do mundo em geral. Ironicamente, portões fechados exigem o trabalho e as despesas extras de trazer forragem velha e seca – todos itens "cristãos" necessários para alimentar o rebanho – para ovelhas que deveriam pastar por si mesmas em pastos verdes.

Isso deixa nossas jovens e vigorosas ovelhas com uma suposta escolha entre cumprir as normas de uma comunidade e se tornarem desnutridas culturalmente, e pular a cerca para obter alimento e nutrição cultural. Nosso chamado como líderes e pais é, em vez disso, abrir o portão e guiá-las para os pastos mais amplos.

Estamos dispostos como comunidade ou como igrejas a fazer isso? Abrir o portão significa aceitar uma perda de controle. Significará expor nossos filhos e nossos alunos a certos perigos. As ovelhas se misturam com outros rebanhos, e às vezes podemos ter que procurar uma que se perde e "deixar as noventa e nove" para trás (Lucas 15:4). Enfrentaremos clima variável, presenças predatórias e nossos próprios limites como pastores. Mas o Bom Pastor promete caminhar conosco. Confiaremos nele para fazer como ele diz?

Não são apenas os espreitadores-de-fronteiras, mas todos nós no aprisco precisamos "entrar e sair" para o nosso desabrochar. Se pudermos criar e treinar *mearcstapas* em seu papel desafiador, esse grupo talentoso de pessoas poderá aprender a ler os tempos e nos informar sobre perigos e oportunidades, para que todo o rebanho seja mais capaz de navegar no mundo exterior da cultura.

C.J.

Nosso segundo filho, C.J., era exatamente uma criança assim.[1] Lembro-me de caminhar com ele pelas ruas da cidade de Nova York. Mesmo quando criança, ele notava coisas que eu ignorava, como moradores de rua ou pichações. Ele mostrou uma

---

1   Sou grato pela jornada que C.J. empreendeu para me ensinar a função do *mearcstapa*. Este capítulo é um presente dele para o leitor, com sua permissão.

inclinação precoce para música e arte, muitas vezes levando seu *skate* para os limites de Manhattan e cruzando para o Brooklyn (bem antes do Brooklyn ser moderno). Ele é um *mearcstapa*.

C.J. teve, como ele prontamente admitiria, uma vida adolescente muito colorida. Ele teve dificuldades com sua fé e seus compromissos com a igreja. Durante alguns dias sombrios em sua adolescência, ele violou muitos limites, e eu temi, em certo ponto, que o tivesse perdido como filho. Esses dias foram alguns dos mais desafiadores de minha vida como pai, mas agora também os relembro, enquanto escrevo isto, como alguns dos mais gratificantes. Embora C.J. tenha agora "voltado para casa" de muitas maneiras, ele ainda luta profundamente com questões relativas à fé e arte. Hoje, graduado em composição musical e filosofia, ele está produzindo e escrevendo sua música "collage" em Seattle.

Quando tinha cerca de doze anos, C.J. se interessou pelo que se tornaria a música hip-hop. Quando ele se aproximou de mim com seu interesse, Judy e eu decidimos educar "a criança no caminho em que deve andar" (Provérbios 22:6; não significando "o caminho que achávamos que ele devia andar"). Eu sabia muito pouco sobre esse universo musical, mas dissemos a ele que ele deveria se sentir à vontade para ouvir qualquer música, desde que a compartilhasse conosco e pudéssemos discutir. (Não demos essa permissão nem para o irmão mais velho, nem para a irmã mais nova dele, embora eles tenham se tornado seres humanos criativos. Era algo que apenas C.J. tinha permissão para fazer desde cedo). Também combinei encontros entre um amigo que estava fazendo doutorado em composição da Universidade de Columbia e C.J., todos os sábados ele o ensinava teoria musical".

Perguntei a um amigo pastor nas comunidades pobres de Newark se ele poderia recomendar algum músico em ascensão. Um que ele nomeou foi Kanye West, então apenas um desconhecido de Chicago. Comecei a ouvir West, depois Eminem,

106 **Cuidado cultural**

Lauryn Hill e Outkast. Nunca imaginei ouvir versões explícitas de muitas de suas músicas em meu computador; muitas vezes lutei com o hip-hop, as escolhas de estilo de vida e a linguagem na qual a forma de arte comunicava. C.J. me alertou sobre essas coisas mesmo quando jovem, observando também que as versões "não explícitas" carecem do poder e da eloquência dos originais. Cheguei à conclusão de que ele estava certo.

Como *mearcstapa*, C.J. me guiou no mundo do hip-hop, e ele continua a fazê-lo. Quando foi para a faculdade, ele e sua namorada perceberam que a cultura universitária oferecia apenas duas opções: cultura de biblioteca, para tirar nota máxima, ou cultura de fraternidade, para beber e aliviar o estresse. Não havia alternativa. Então, C.J. começou a experimentar uma reunião de sexta à noite chamada *"Bankwet"* (escrita diferente a cada vez), com performances de hip-hop/rap, leituras de poesia e arte. Ele orientou muitos tipos criativos, levando-os a desenvolver seu ofício. Sua namorada, uma estudante de teatro com ótimas notas, optou por não participar de um papel de produção teatral que poderia ter assumido para fazer a sua tese de conclusão de curso com um projeto de teatro de guerrilha que expunha o que os estudantes universitários estavam realmente pensando e se defrontando.

Quando Judy e eu chegamos para a formatura de C.J., ele e seus amigos reuniram espontaneamente todas as pessoas envolvidas no grupo *Bankwet*. Eles se apresentaram para nós e juntos comemoramos seu tempo na universidade. O que notei, para minha alegria, foi que esse grupo de pessoas criativas era o mais diversificado (cultural e racialmente) de todos que conheci naquela universidade. C.J. e seus amigos reuniram instintivamente todas as "tribos" da escola.

Não seria verdade dizer que todas as decisões que nossos filhos tomaram se alinham com minha fé e meus valores; mas a realidade de lidar com espreitadores-de-fronteiras é que muitas vezes eles não seguem a linha da convencionalidade. Mas, uma vez que se apegam a valores mais profundos, eles têm a capacidade de nos mostrar as possibilidades, os pastos verdes, que existem além de nossas normas tribais.

"TENHO OUTRAS OVELHAS"

A igreja visível é o aprisco.[2] Por muito tempo mantivemos o portão fechado, e nossos membros, especialmente crianças como C.J., têm permanecido desnutridos culturalmente porque nos falta uma teologia orientadora adequada para explorar e pastorear os campos culturais. Precisamos ser lembrados regularmente de que o Espírito Santo está ativo muito além de nossas paredes e que Deus abençoa continuamente todos os seres humanos, independentemente de onde estejam em relacionamento com ele.

Assim como um ecossistema necessita de complexidade e dependência de interação, visível e invisível, o mesmo ocorre com a cultura em geral: Deus provê o que precisamos tanto dentro quanto fora da igreja visível. Na prodigalidade – na gratuidade – da graça comum de Deus, o Espírito Santo também está ativo na cultura mais ampla, e torna verde a grama fora do aprisco. Através da orientação do Espírito Santo e de seu preenchimento em nossas vidas com o amor de Deus, o Bom Pastor pode nos levar aos melhores pastos nos confins da cultura.

Em Mateus 5:45, Jesus nos diz que Deus "faz que o seu sol se levante sobre maus e bons, e a chuva desça sobre justos e injustos". Essa passagem é frequentemente usada pelos cristãos para fundamentar uma compreensão teológica da graça comum, mas muitas discussões sobre esse tópico perdem

---

2   Esta seção é adaptada de material publicado originalmente em Makoto Fujimura, "Artist in residence series: culture care for churches," *Transpositions*, o blog do Institute for Theology, Imagination and the Arts da University of St. Andrews, 26 de março de 2014, www. transpositions.co.uk/culture-care-for-churches.

108   Cuidado cultural

a conexão com o que Jesus diz imediatamente antes disso: "Vocês ouviram o que foi dito: "Amai a vossos inimigos, bendizei os que vos maldizem, fazei bem aos que vos odeiam, e orai pelos que vos maltratam e vos perseguem; para que sejais filhos do vosso Pai que está nos céus" (Mateus 5:43-45).

Se quisermos seguir a Jesus, devemos praticar a vida à luz da graça comum e, portanto, devemos aprender na prática a amar nossos inimigos. Esse amor começa no reconhecimento de que nossos inimigos têm a capacidade de se tornar parte da igreja de Deus, seu rebanho, à medida que o Espírito de Deus os reconcilia consigo mesmo. Mesmo aqueles que atualmente são inimigos de Deus são pessoas que precisamos tratar como criaturas que Deus criou e ama. Esses inimigos, esses "outros", estão entre as "outras ovelhas" de Jesus, aqueles "que não são deste aprisco", as ovelhas que ele promete trazer (João 10:16).

O Espírito Santo está ativo nas margens de nossas igrejas, atraindo pessoas. Quando mantemos nosso portão fechado, não apenas deixamos nossas próprias ovelhas famintas, mas nossa busca por segurança se torna uma barreira à entrada de outras ovelhas de Jesus.

———— • ————

Ao desenvolver essa tese, percebi que no cerne do cuidado cultural está o meu desejo de conhecer toda a profundidade do evangelho de Jesus Cristo. Qual é a "boa nova"? O reducionismo de nossas suposições modernas fez com que o evangelho fosse truncado, limitado a preocupações pragmáticas e tribais, em vez das boas novas de toda a Bíblia – vida verdadeira, restauração sem fim e a nova criação de todas as coisas em Cristo.

O cuidado cultural enfatiza que Deus cuida de toda a criação (como sua própria obra de arte) e da história (como a própria história de Deus vivida através de nossa realidade decaída), e que não há um fio de cabelo de nossa cabeça ou um momento de nossa jornada em que Deus não preste atenção (Lucas 12:7). O cuidado cultural toma o próprio Jesus, que cuidou das pessoas, de seu entorno e de sua cultura, como modelo para todos nós.

Embora o termo cuidado cultural surja do cuidado da criação e do cuidado da alma, meu público-alvo é mais amplo do que a comunidade cristã. Quero falar também àqueles que anseiam pela beleza, àqueles que ainda não reconheceram a necessidade de uma expressão externa de Cristo em sua vida.

Minha razão inicial para criar uma linguagem gerativa é traduzir a vida cheia do Espírito em termos que as pessoas fora da igreja visível possam entender e com a qual possam ressoar. Mesmo muitos artistas que desprezam a igreja (eu posso nomeá-los, pois são meus amigos) adoram falar de Jesus. Tento encontrar uma linguagem comum para falar com eles sobre a operação do Espírito. Quando o faço, eles geralmente reconhecem o Espírito, sem nomeá-lo, em seus estúdios, salas de ensaio e poemas. Essas observações de pessoas de fora são críticas para minha compreensão da cultura em geral; elas são a grama fora do aprisco que alimenta essas ovelhas.

Precisamos de portões abertos. Mas também precisamos do aprisco. Mesmo para um *mearcstapa* que é hábil em viver no mundo mais amplo, o acolhimento e a segurança de um aprisco não podem ser exageradas. Espreitadores-de-fronteiras precisam de uma base sólida, um lugar seguro para onde possam retornar; uma parábola requer um foco a partir do qual a rotação se origina. Quanto mais longe e mais poderoso for o movimento parabólico, mais forte o foco precisa ser.[3]

Uma comunidade saudável é aquela que é segura, ancorada na tradição e na fé, mas também a que permite um movimento

---

3 Agradecimentos a Gordon Pennington por esta observação.

dinâmico para fora, que envia artistas e missionários, cuidadores e empreendedores. Ela está focada e confiante na sua identidade de rebanho porque conhece o propósito para o qual o Bom Pastor a reuniu: servir, abençoar e transformar o mundo em geral.

Onde estão essas comunidades saudáveis? Existe alguma hoje? Parte de nossa futura jornada de cuidado com a cultura será identificar comunidades e grupos que estão trabalhando para cultivar esses valores. Podemos ter vislumbres do potencial do que uma comunidade deveria ser, mas tenho certeza de que todas as comunidades sofrem com a falta de graça ou falta de cuidado com aqueles que estão à margem. Talvez precisemos começar, portanto, considerando as condições culturais do solo; por meio de uma análise cuidadosa, podemos traçar estratégias para fortalecer o que é saudável e compensar fatores que possam comprometer nossa vitalidade.

12

Cultivando o solo cultural

Recentemente saí da cidade grande e tenho me dedicado à jardinagem. Sou um jardineiro iniciante, mas percebi que o que faço como artista – como praticante da antiga arte de *Nihonga*, o ritmo lento de criar uma nova obra camada por camada durante um período de tempo – é muito semelhante a cultivar o solo certo para o meu jardim.

Segurar o solo em suas mãos pode conduzir a meditações mais profundas sobre os cuidados com a cultura.

O solo é uma realidade complexa. A maioria de nós não dá a mínima para o fato de que o solo é feito de animais, plantas e insetos mortos decompostos. Planto minhas sementes no que é essencialmente uma massa de restos mortais em camadas, acumulada ao longo do tempo. Um bom solo também contém outras coisas que desejamos como jardineiros – microrganismos, minhocas e nutrientes que criam um ambiente propício para que as sementes ganhem vida.

Aplique esse conhecimento à cultura em geral. A cultura também está cheia de objetos "mortos" do passado. Um museu é um recipiente para esses detritos, embora um bom museu os faça ganhar vida no contexto contemporâneo. O mercado mutável atual nas artes e no comércio está deixando para trás ainda mais camadas de morte cultural. A diferença é que, em vez de objetos do passado serem reanimados em um museu, milhões de produtos culturais agora permanecem adormecidos ou mortos no ciberespaço e nos ateliês de artistas.

Se presumirmos, porém, que o inverno é necessário para a primavera — que a morte é essencial para que a vida surja —, então nosso período sombrio e doloroso talvez seja um passo

112 Cuidado cultural

necessário para o cultivo de uma cultura renovada. Como diz o poeta Christian Wiman: "Vivemos em nossos sentidos e por meio deles, que são condicionados em nossa morte e por meio dela".[1] Cultivar – arar, lavrar – o solo cultural irá liberar e arejar os vários estratos de produtos e ideias culturais anteriores, tornando seus nutrientes disponíveis para novas sementes e deixando nosso solo pronto para o tão esperado degelo. Quando as sementes da arte (e nossas vidas) são plantadas nesse solo, e as chuvas da primavera chegam, uma cultura pode ganhar vida novamente.

SOLO CULTURAL E O EVANGELHO

Um bom solo é essencial para um jardim. Como Jesus ensina na parábola do semeador e dos tipos de solo em Mateus 13, não importa quão boa seja uma semente (e as sementes de Jesus são o evangelho, perfeitamente puras e boas), ela não pode produzir frutos em solo que não permita raízes.

O que os cristãos chamam de evangelho – as boas novas – inclui uma narrativa acerca da obra de Deus desde o princípio até a eternidade, que muitas vezes é resumida como criação, queda, redenção e restauração. Começa com a criação boa, bela e gratuita de Deus e com o homem sendo chamado como "muito bom". Os humanos romperam com os propósitos de Deus no Éden, e nossa rebelião resulta em contínua fragmentação, separação, decadência e morte. Para redimir da morte as criaturas que ele ainda ama, Deus agiu na história humana através de Israel – e veio a nós em Jesus, o Messias de Israel. Quando Cristo voltar novamente como prometeu, veremos a renovação completa da criação e a restauração de todas as coisas rumo a uma nova criação.

---

1   Christian Wiman, "Varieties of quiet," *Image* 73 (2012), https://image journal.org/article/varieties-of-quiet.

Além disso, se os cristãos estiverem corretos, o poder de Cristo para derrotar a morte está ativo agora. Ele opera através do Espírito de Deus animando seus seguidores. A vida profunda do céu está renovando a terra. Estamos mesmo agora, em parte, começando a testemunhar a vontade de Deus feita na terra. Vivemos agora na era em que Deus nos convidou – mais precisamente, nos ordenou – a participar de seus propósitos criativos, ampliar sua arte e contribuir para a transformação de todos os tipos de desordem. Quando Jesus fala da semente, ele está falando em direção a essa reintegração, à nova realidade irrompendo em nossa situação quebrada por meio do Espírito. É característico da obra de Deus que a restauração e a nova criação cresça a partir dos menores e mais improváveis começos.

Vejo Deus como o supremo Artista e nós, ainda carregando a imagem de Deus mesmo em nossa queda, como os pequenos artistas. A Bíblia é um livro escrito pelo Deus criador, comunicada por meio de pessoas criativas de Deus, embora às vezes quebradas. Ela é projetada para recalibrar nossa visão de mundo e nos reconectar com Deus. Somente então o poder de Deus pode operar através de nós à medida que preenchemos — criativa e amorosamente — os papéis que contribuem para a obra de Deus rumo à nova criação, que é parte do propósito para o qual fomos feitos e por meio do qual prosperamos.

Nossa cultura atual, muitas vezes chamada de "cultura da morte", está cheia de indicadores para os dois primeiros elementos do evangelho (criação e queda), mas raramente reflete, mesmo nas igrejas, a história completa do amor de Deus e sua obra contínua em direção ao nosso pleno florescimento. Notei, como um artista propenso a olhar a partir das margens, que as igrejas muitas vezes apresentam os dois elementos do meio (queda e redenção), mas raramente conectam toda a história da Bíblia – que começa na criação e termina na nova criação – com as histórias de nossas vidas e comunidades atuais. Muitas vezes usamos mal o grande livro, reduzindo-o a um livro de regras, uma lista de verificação para ganhar nosso caminho para o céu ou um guia para prosperidade material ou bem-estar pessoal. Muitas igrejas substituem Deus como Artista por Deus como CEO do universo e se voltam para métricas de negócios para medir seu "sucesso" em atingir suas "metas finais".

As comunidades cristãs estão frequentemente ocupadas com programas, mas raramente são vistas como uma força criativa a ser considerada, muito menos como uma força do bem que afeta cidades inteiras e dá a todos uma canção para cantar. Contudo, ao passo que nos tornamos cada vez mais congregações de diversas pessoas viajando juntas, enquanto aprendemos a amar verdadeiramente uns aos outros com todas as nossas diferenças, podemos ajudar a preparar as condições nas quais a boa semente de Deus pode gerar uma nova vida cultural.

Vejo na parábola dos diferentes solos um apelo a um tipo específico de trabalho cultural. A nova vida que a semente carrega está além de nossa capacidade de fornecer. Mas podemos e devemos contribuir para o solo em que ela crescerá, e nossos esforços podem afetar a frutificação da semente. O cuidado cultural, portanto, prepara o caminho para a propagação do evangelho.

Arar o solo é a tarefa mais importante que podemos fazer para preparar a nós mesmos e nossa cultura para as sementes do evangelho que Deus semeia tão generosamente. A beleza às vezes pode romper nossos empedernidos pressupostos e nos preparar para considerar possibilidades além do deserto devastado de nosso mundo, assim como o buquê de Judy expôs meu pragmatismo interior, minha visão desertificada e iniciou minha jornada em direção à fé e ao florescimento. E então há os espinhos – "os cuidados deste mundo, e a sedução das riquezas" – que Jesus nos adverte que competirão com a boa semente e a tornarão infrutífera (Mateus 13:22). A arte e outros trabalhos de cuidado cultural podem, às vezes, afinar essas ervas daninhas, liberando todo o potencial gerativo da semente de Deus.

SOLO PARA PROSPERAR

O Deus revelado na Bíblia dotou a criação com uma beleza transbordante. Esse Deus não é caracterizado pela utilidade, mas pelo amor abundante. Deus deseja que suas criaturas – especialmente aquelas que em Cristo são adotadas como seus filhos – também sejam criativas e gerativas.

À medida que iniciamos como jardineiros de cuidados culturais, talvez precisemos aprender a pensar além de nosso contexto imediato. Uma pessoa que possui uma lagoa no quintal é capaz, em certo nível, de tomar decisões sobre sua lagoa sem considerar conscientemente questões ecológicas maiores. Sua preocupação é que a lagoa esteja livre de mosquitos, mas uma maior conscientização é crucial. Moralmente, ela é responsável por aprender os efeitos sobre o ecossistema mais amplo de um pesticida que mata mosquitos. O mesmo processo de ampliar nossa esfera de preocupação interessada e antecipar as consequências, ou efeitos em cascata de nossas ações, também se aplica à cultura.

Não iremos concordar com todas as definições ou tratamentos. Um dente de leão é uma erva daninha para alguns, enquanto para outros é parte de sua salada. Mas o que é fundamental para nossa mentalidade é o cuidado com a cultura. Quando cuidamos e amamos um pedaço de terra, o tratamos de maneira muito diferente do que se simplesmente o considerássemos como uma mercadoria transacional. Mesmo que dois vizinhos não concordem com o uso de seus campos, se cada um realmente se importa com sua terra, eles podem perseguir o mesmo objetivo maior – deixar a terra para seus filhos e netos desfrutarem. Podemos fazer o mesmo ao cuidar de nossa cultura, embora de maneiras ligeiramente diferentes.

Wendell Berry, um verdadeiro profeta de nosso tempo, escreveu uma reflexão sobre a terra prometida a Abraão e seus descendentes, o povo de Israel, para uma revista dedicada ao cuidado da criação. Mas o que disse é aplicável tanto a solos culturais quanto ao solo de um agricultor:

116 Cuidado cultural

A dificuldade, mas também a maravilha da história da Terra Prometida é que, lá, a primordial e contínua história da sombria voracidade humana começa a ser acompanhada por um veio de luz que, embora improvável e incerto, ainda nos acompanha. Essa luz se origina na ideia da terra como uma dádiva – não uma dádiva barata ou merecida, mas uma dádiva dada sob certas condições rigorosas.[2]

Observe alguns dos elementos revelados no caminho pelo qual Berry nos guia habilmente para uma sábia mordomia. Primeiro, enquanto caminhamos em direção ao cuidado cultural, devemos reconhecer que enfrentaremos a "história da sombria voracidade humana". Podemos encontrar aqueles que valorizam na cultura apenas o potencial de ganho. Podemos encontrar apatia e até hostilidade se nos preocuparmos com o futuro. Mas para que o cinismo não predomine, fazemos nossa jornada, como Berry aponta, ao lado de "um veio de luz". Outra maneira de dizer isso é que o dom que nos é dado como criadores de cultura é, em sua natureza, gerativo. As "condições rigorosas" incluem nosso trabalho ativo na lavoura do solo. Se as condições do solo forem adequadas, encontraremos nossa prosperidade e florescimento.

Comecei minha jornada como artista muito cedo, respondendo à percepção de que fui feito para ver as coisas de maneira diferente, para questionar profundamente a natureza da realidade. Mas hoje faço muito mais do que pintar. Comecei os esforços do International Arts Movement e estou embarcando no elemento educacional central do IAM, o Fujimura Institute. Agora, aceitei dirigir o Brehm Centre como uma extensão desses esforços para cuidar como mordomo da cultura e praticar

---

2 Wendell Berry, "The gift of good land," *Flourish Magazine*, outono de 2009, www.flourishonline.org/2011/04/wendell-berry-gift-of-good-land.

Cultivando o solo cultural 117

na tarefa de ser um artista no meio do maior seminário protestante do mundo. Fiz isso porque, ao passo que me desenvolvi como artista e que minha carreira se expandia, cheguei a outra percepção: o solo da cultura em que fui plantado não era um solo em que eu pudesse prosperar. Não é permitido ao dom da arte crescer em nosso sistema altamente comoditizado.

Em um livro notavelmente presciente, A dádiva, o poeta Lewis Hyde ajuda a explicar o problema. Ele escreve na introdução:

> É a suposição deste livro que uma obra de arte é uma dádiva, não uma mercadoria. Ou, para expor o caso moderno com mais precisão, que as obras de arte existem simultaneamente em duas "economias", uma economia de mercado e uma economia da dádiva. No entanto, apenas uma delas é essencial: uma obra de arte pode sobreviver sem o mercado, mas, onde não há dádiva, não há arte.[3]

Deixe-me emprestar uma analogia que Hyde utiliza. Antes que os ocidentais chegassem ao noroeste do Pacífico, os nativos americanos lidavam com o salmão. Eles aceitavam o salmão como uma dádiva. Eles tomavam o que era necessário e confiavam que a cada ano mais peixes viriam. Quando os ocidentais chegaram e aplicaram os primeiros métodos modernos à pesca, o salmão tornou-se mercadoria – e a população de salmão despencou até que as pessoas perceberam que a espécie deveria ser protegida das forças comerciais desenfreadas.

O mesmo princípio se aplica às artes. As condições ideais para as artes incluem o reconhecimento comunitário de que elas são uma dádiva para a sociedade e precisam de alguma proteção. As artes são uma exceção única ao argumento capitalista. Não há nada de errado com artistas comercializando

---

3 Lewis Hyde, The gift: Creativity and the artist in the modern world, 2ª ed. (Nova York: Vintage, 2007), p. xvi.

sua arte ou patrocinadores comprando arte, mas devemos reconhecer que as artes pertencem principalmente ao recinto de uma economia da dádiva, e que os artistas que nadam nas águas da cultura precisam ser protegidos das forças do mercado para que suas contribuições culturais – ou, às vezes, elas mesmas – possam sobreviver.

Vimos nas últimas décadas como o cuidado com o ambiente natural, como o rio Hudson, conduziu a uma grande renovação. A natureza tem seu próprio poder gerativo, e a mordomia humana pode ser multiplicada pelo poder da natureza de se restaurar. A cultura, acredito, tem um poder restaurador ainda maior, porque a dádiva humana já é gerativa por natureza. A dádiva criativa humana também pode ser poderosamente curadora e gerativa, reconciliando o maior dos inimigos, preenchendo as maiores lacunas.

Não basta ter artistas que buscam beleza, verdade e bondade; devemos ter igrejas, políticas e comunidades que promovam uma cultura de longo prazo que seja bela, verdadeira e cheia de bondade.

Por meio do cuidado cultural, precisamos iniciar uma série de modelos – estufas ou jardins culturais, ambientes fechados que permitam que os artistas trabalhem em condições em que possam prosperar, onde a função de dádiva da arte seja reconhecida e valorizada. Precisamos do tipo certo de arenas protegidas com bons jardineiros para cultivar o solo.

Ao pensar sobre esse microcosmo criativo, percebi que a imagem de uma estufa não é forte o suficiente para o que é necessário. As estufas implicam um ambiente fortemente abrigado onde o solo e as plantas são protegidos das intempéries. Elas também consomem muitos recursos, exigindo monitoramento cuidadoso de umidade, temperatura e outros fatores. E seus produtos, embora visualmente atraentes, muitas vezes carecem de sabor quando comparados com culturas cultivadas ao ar livre. O conceito de jardim é melhor. Abertos ao vento e à chuva, os jardins são ao mesmo tempo contidos dentro de cercas, um espaço planejado, com alcance ou público limitado. Ao tentar criar as condições ideais para os artistas, no entanto, os conceitos de estufa e jardim parecem cair em uma ênfase na proteção em detrimento da dádiva à sociedade.

Ambos os modelos serão apropriados, às vezes, por permitir que novos artistas criem raízes em um clima seco ou envenenado ou durante uma estação fria. Porém, um tempo excessivo na estufa é contraproducente para um trabalho sustentável e gerativo. Suspeito que implementar um ambiente de jardim ou estufa para artistas tenha mais probabilidade de resultar em "arte cristã" do que em "arte de cristãos". E já se pode prever quão desagradáveis tais espaços seriam para os jovens *mearcstapas* inquietos, já preparados para pular a cerca.

Onde é o lugar mais gerativo da natureza? Existe um *habitat* natural que possamos imitar para artistas e formadores de cultura que combine uma quantidade razoável de proteção e cuidado com uma conexão contínua com a sociedade em geral? Eu acho que existe. Pode o cuidado cultural promover modelos desafiadores o suficiente para que os participantes desenvolvam resistência e resiliência e estejam preparados para uma participação gerativa e competição na cultura mais ampla? O que sei é que isso deve ser feito.

13

Estuários culturais

Grande parte do rio Hudson, como todos os intrincados canais ao redor da cidade de Nova York, é um estuário. Em um estuário, a água salgada se mistura com a doce, reunindo múltiplas camadas ecológicas e *habitats* para formar um dos ecossistemas mais diversos e abundantes do mundo.

Essa abundância surge de um ambiente que é delicadamente equilibrado e muitas vezes áspero. Um cientista ambiental me disse recentemente que, embora um estuário revigorado contenha muitos bolsões de homogeneidade – como canteiros de capim-enguia ou ostras –, ele é, em última análise, heterogêneo, pois esses bolsões estão todos em contato e muitas vezes competindo entre si. E cada bolsão está sujeito aos fluxos e refluxos do sistema estuarino, incluindo variações na concentração de sal e sedimentos da interação das águas fluviais e das marés.

Os estuários oferecem zonas tampão para muitas espécies. Eles são uma área de berçário fundamental, por exemplo, para o salmão jovem, o robalo e outros peixes que descem rio abaixo após a eclosão. A vida em zonas úmidas estuarinas semiprotegidas durante um período crítico de seu desenvolvimento prepara esses peixes para a vida no oceano.

As ostras são outra das muitas espécies que prosperam nos estuários. Elas filtram a água para que o plâncton e as bactérias se alimentem, servindo, no processo, a uma variedade de funções críticas para a saúde e diversidade de espécies na ecologia circundante. Essas pequenas criaturas são notavelmente eficazes na limpeza da água em que habitam. Elas até transformam alguns poluentes em pérolas no processo. Mas elas podem purificar alguns tipos de poluição apenas ao custo de poluírem a si mesmas. Por sua função de filtros naturais e pelo fato de as ostras adultas não se moverem, elas são uma espécie indicadora, como "canários em minas de carvão", de seus próprios ecossistemas.

O porto de Nova York costumava abrigar bancos de ostras tão abundantes que a cidade de Nova York no final de 1800 era conhecida como a capital mundial das ostras. Mas os famosos canteiros de ostras foram dizimados no início de 1900 pela poluição e despejo de esgoto não tratado em seu *habitat*. Em 2012, quando as tempestades do furacão Sandy surpreenderam os nova-iorquinos, as inundações chegaram à rua 30 e destruíram muitas obras de arte no distrito de artes de Chelsea. Se os bancos de ostras estivessem intactos, dizem alguns, o paredão natural que eles formavam teria mitigado os danos do Sandy. Assim, restaurar os bancos de ostras é uma das respostas pós-tempestade em consideração. Perdi cinquenta e cinco obras preciosas naquele dia na Galeria Dillon, localizada no lado oeste do Chelsea, pela inundação. Como a Providência queria, naquela terça-feira eu iria transportar para o local inundado novos trabalhos, uma série ironicamente chamada "Andando sobre a água". Tive a sorte de que esses novos trabalhos estivessem seguros em meu estúdio em Princeton. Será que os bancos de ostras teriam evitado um declínio tão impensável das galerias do Chelsea – declínio do qual muitos não se recuperaram?

❦

Os estuários oferecem um modelo chave para o cuidado cultural. Podemos pensar no rio da cultura como um estuário, um sistema complexo com uma multiplicidade de influências dinâmicas e afluentes. Dentro dele há muitos *habitats* nutridores – mas não isolados. Seu propósito não é tanto a proteção, mas sim a preparação. Cada *habitat* individual fortalece seus participantes para interagir com o ambiente mais amplo, criando uma diversidade saudável o suficiente para uma verdadeira competição. Os *habitats* conectados permitem a exposição a correntes mais fortes, que levam os participantes a construir músculos mais fortes para a locomoção nas águas ou cultivar raízes mais profundas, dependendo do contexto, fortalecendo cada um para o florescimento geral da ecologia cultural maior.

Compreender as comunidades culturais nessa estrutura reduz a pressão pela categorização estrita e programação rígida, e nos ajuda a atender melhor a diversas populações. Podemos considerar alguns artistas e catalisadores criativos como ostras do estuário cultural, enraizados e tornando melhor a vida ao seu redor. Outros podem ser mais parecidos com o salmão, passando apenas uma temporada em um *habitat* nutridor antes de sair para o mar ou dar sua contribuição à vida rio acima. Alguns dos que passam por lá retornarão ao estuário, enquanto outros não.

A questão é que diferentes vocações requerem diferentes *habitats* e diferentes tipos de cuidados; nenhuma agenda ou programa único pode servir a todos, mas todos podem contribuir para o florescimento do estuário e para o ambiente mais amplo. Nesse modelo, o cuidado cultural ocorre melhor em condições de diversidade vigorosa e competição saudável, mas rigorosa, responsiva às correntes culturais. A verdadeira diversidade vai além da mera tolerância para o respeito pelo outro no contexto de nossa vida comum. Assim como os estuários naturais são altamente delicados, também precisamos de uma visão ampla para o manejo que cuide do sistema como um todo e respeite os muitos tipos de contribuição.

A ação das ostras em filtrar a água ao seu redor – com o subproduto de transformar contaminantes em iridescência – é parte da maneira como um ecossistema diversificado pode se regenerar em direção à sustentabilidade. No entanto, a beleza é muito mais do que um subproduto. E a cultura é muito mais do que sustentável – ela é gerativa por natureza. Artistas e catalisadores criativos reunidos também podem contribuir para estruturas maiores que podem servir como paredão ou quebra-mar contra as correntes do utilitarismo e da comodificação que corroem nossa humanidade.

Existem exemplos históricos de tais estuários culturais. O Japão do século 16, que produziu muitas formas de arte, incluindo Sen-no-Rikyu, a visão distinta do chá, tornou-se um fantástico estuário cultural quando missionários portugueses e italianos chegaram a uma terra de lutas feudais. A cidade de Nova York do início do século 20, com exilados vindos de ameaças no exterior e conflitos norte-americanos no sul, criou uma mistura de influências que deu origem ao expressionismo abstrato e à Renascença do Harlem. A Europa pré-renascentista, com as invasões otomanas trazendo uma mistura de culturas islâmicas e asiáticas em contato com o Ocidente, é outro exemplo, assim como os salões de Paris nos séculos 18 e 19.

Embora este livro possa oferecer apenas um gesto para identificar e aprender com esses exemplos, será uma jornada valiosa para cientistas sociais e historiadores se reunirem para estudar esses exemplos do passado a fim de que sirvam como lições a serem aplicadas ao cuidado cultural. Entre as perguntas que vale a pena fazer neste contexto estão: quais graus de proteção e exposição cultural são úteis em diferentes estágios de crescimento pessoal e comunitário? Podemos encontrar maneiras de manter nossas "ostras" saudáveis enquanto auxiliamos a filtrar a poluição cultural? Quais conexões são benéficas entre *habitats* afins? Qual massa crítica constitui um *habitat* gerativo?

Ao entender o que fazemos a partir de exemplos históricos, o que podemos começar a fazer hoje? O cuidado cultural começa com a prática gerativa em nossas vidas cotidianas. Precisamos criar estuários culturais, repletos de diversidade e fornecendo um porto seguro para os criativos que viajam

Estuários culturais **125**

entre eles. As práticas gerativas crescem a partir de princípios gerativos. Nossas comunidades estão abertas a diferentes expressões de liderança e visão para nos guiar no atual fluxo cultural? Estamos confiantes o suficiente em nossa identidade para abrir os portões para pastagens culturais mais amplas? Estamos mantendo nosso solo cultivado para o crescimento? Vamos voltar à nossa discussão sobre os espreitadores-de-fronteiras. A maioria dos *mearcstapas* em potencial começa dentro de uma comunidade, por mais estreitos ou tensos que sejam seus laços. O que teria acontecido se Emily Dickinson tivesse se afirmado em sua trajetória idiossincrática, encontrando em vida o suporte que seus poemas encontraram quase um século depois? E se Vincent van Gogh tivesse encontrado em sua igreja um ambiente seguro para desenvolver sua criatividade?

Essas perguntas fantasiosas não têm respostas diretas, pois o contexto da vida e das decisões desses artistas cria uma complexa matriz de possibilidades. No entanto, seus exemplos certamente são válidos quando perguntamos, na prática, o que uma igreja ou comunidade deve fazer quando alguém como Vincent ou Emily – ou como C.J. – está no meio dela. Como apoiamos os artistas a agir de forma gerativa e não transgressiva? Deixe-me esboçar uma resposta inicial aqui. Podemos delegá-los e então formá-los, treiná-los, comissioná-los e apoiá-los.

Primeiro, podemos delegar potenciais *mearcstapas*. Podemos ensinar todos os membros da comunidade sobre esse papel, e então a comunidade pode identificar potenciais espreitadores-de-fronteiras enquanto são criados ou recebidos na comunidade. Se pudermos reconhecê-los mais cedo em seu próprio desenvolvimento, podemos abrir espaço para que cresçam dentro e entre nossas categorias normais e confortáveis, e fornecer cuidados consistentes para eles enquanto discernem seu chamado.

Em segundo lugar, podemos fornecer um ambiente estimulante com um grau de estrutura ou intencionalidade, no qual os artistas possam ser treinados nas habilidades necessárias para seus novos papéis. Isso incluiria uma base na identidade "tribal" ou de grupo, uma formação fundamental. Podemos oferecer oportunidades de cuidado da alma, salas de musculação espiritual e artísticas que militarão contra o isolamento e a alienação, e fornecerão aos artistas recursos para suas jornadas. Podemos ajudá-los a desenvolver e viver sua identidade de fé como substantivo em vez de adjetivo. Podemos criar contextos e oportunidades para os artistas interagirem uns com os outros dentro da comunidade. Isso pode incluir mentorias, estágios e oportunidades regulares e contínuas para conexões não estruturadas. Tudo isso fornecerá contexto para interações que ocorrerão concomitantemente e posteriormente fora da comunidade.

Terceiro, podemos fornecer treinamento e prática para explorar as fronteiras, interagir com outros grupos, entrar e sair de diferentes identidades, encontrar notícias de pastagens culturais para serem levadas de volta à comunidade. Esse pode ser um exercício mais guiado no início, tornando-se independente à medida que os indivíduos crescem. Podemos ser encorajadores enquanto eles valorizam as áreas confusas do conflito tribal, aprendem novos vocabulários e maneiras de pensar, e começam a trazer relatórios. Também podemos afirmar esses futuros líderes no desenvolvimento de suas habilidades de generosidade e amor aos não amados, ajudando-os a nos chamar para lembrar dos pobres a quem somos chamados a trazer boas novas.

Quarto, a comunidade pode querer, em algum momento, comissionar seus aprendizes ou *mearcstapas* em formação para sua próxima função: mover-se para os terrenos baldios, os oceanos ou onde quer que sejam chamados.

Finalmente, a comunidade pode fornecer apoio contínuo — moral, prático e financeiro. Para artistas que permanecem próximos de sua comunidade original, não é preciso enfatizar esse ponto. Mas os *mearcstapas* que se mudam devem ser encorajados a formar e manter conexões com outras comunidades locais onde quer que estejam, contribuindo para a vida em seu novo espaço, bem como enviando ou trazendo notícias para sua comunidade a partir de onde foi comissionado.

Os detalhes dessa abordagem precisarão ser preenchidos (darei mais algumas sugestões nos capítulos seguintes), mas esse modelo oferece uma maneira de liberar todos os esforços gerativos desses criadores que podem oferecer muito às nossas igrejas e comunidades e a cultura mais ampla. Eles podem projetar a atraente visão da beleza em face da injustiça, revelando situações quebradas e necessidades, modelando o amor pelo que não é amável, revelando complexidades, intermediando reconciliação, ensinando-nos a falar de forma atraente e persuasiva, guiando toda a comunidade através dos desafios do engajamento com a a cultura, levando-nos para longe da fragmentação e para a reintegração, e – talvez – até mesmo revelando novamente a luz do Espírito nas igrejas.

14

Guardiões do cuidado cultural

Em uma cultura como a nossa, levar para casa um buquê de flores pode ser um ato transgressor. Quero aqui escrever sobre alguém que não é artista e oferecer uma parábola da vida real no estuário do rio Hudson.

No início dos anos 1960, Fred Danback voltou para casa da Guerra da Coreia para trabalhar na Anaconda Wire and Cable, uma fábrica de fios de cobre em Hastings-on-Hudson, Nova York, cerca de cinquenta quilômetros ao norte de Manhattan. Esse era um empreendimento em expansão. Mas Danback logo ficou preocupado com o que viu na fábrica. Para restaurar a beleza do rio com o qual cresceu, Danback tornou-se um delator contra sua própria empresa.

Em uma entrevista da PBS com Bill Moyers, Danback disse: "Vi todos os tipos de óleo e ácido sulfúrico, limalhas de cobre; meu Deus, isso estava saindo daquela empresa como se fosse uma queima de estoque". Ele disse que os pescadores de sável começaram a perder "seu empreendimento porque o óleo na água fazia com que os peixes fossem contaminados, e o mercado de peixes Fulton Market se recusou a comprar sua pesca semanal [...] [Anaconda] e outras empresas estavam poluindo um rio e prejudicando um segundo empreendimento, os pescadores de sável. Eu não cria que eles tinham o direito de fazer isso. E isso me enfurecia. Fiquei obcecado em combater a poluição".[1]

---

1 Da transcrição de America's first river: Bill Moyers on the Hudson, Part 2, PBS/Public Affairs Television, Inc., 2002, www-tc.pbs.org/now/science/HUDSON2.pdf.

130   **Cuidado cultural**

Fred reclamou com os gerentes da empresa sobre a situação de seus amigos pescadores. Cada vez que o fazia, parecia que era rebaixado em seu cargo. Ele terminou se tornando um zelador. Mas Fred nunca desistiu. Ele trabalhou nessa função de zelador, literalmente empurrando sua vassoura por todos os cômodos da empresa. Ele também tomou notas com profusão e fez mapas da empresa. O que era para ser uma punição acabou sendo a melhor oportunidade possível para espionar a empresa. E ele tinha todas as chaves!

Havia poucas leis antipoluição na época. Fred e alguns outros pioneiros do movimento ambientalista decidiram processar a Anaconda baseando-se em uma lei arcaica chamada de *Refuse Act* de 1899, que Fred descobriu enquanto limpava a biblioteca local. Em 1972, quando o Gabinete do Procurador dos EUA encontrou uma maneira de processar a Anaconda, eles usaram os mapas e notas de Fred como prova.

"A empresa foi multada em duzentos mil dólares sob o *Refuse Act* de 1899. No início dos anos 1970, isso foi um grande acontecimento. Foi como um trovão", disse Fred mais tarde. Hoje, três milhões de robalos sobem e descem o Hudson porque os esforços de Fred conduziram a alterações nas leis da terra.

Eu tiro três lições para o cuidado cultural a partir dessa história: precisamos estar dispostos a sacrificar, precisamos nos lembrar de nosso primeiro amor e precisamos fazer anotações com profusão.

Primeiro, o cuidado cultural requer sacrifício. Precisamos estar dispostos a suportar rebaixamentos em nossas carreiras, tornando-nos "guardiões" do cuidado cultural. Ao sermos rebaixados pelas razões certas, no entanto, podemos ganhar uma autoridade humilde, que pode funcionar como chaves para abrir as portas de "fábricas" culturais, dando-nos oportunidades para limpar – e ver o que realmente está acontecendo.

Guardiões do cuidado cultural 131

Nossas chaves são humildade, integridade, determinação e esperança nas coisas que estão por vir. No mundo da arte atual em que o ego, o autocentrismo e a autodestruição abundam, vamos nos destacar, em última instância, se tivermos um pingo de decência e generosidade humanas. E se estivermos dispostos a servir a alguém em vez de produzir arte para autoexpressão? E se colaborássemos com humildade e nos dedicássemos ao serviço, sem esperar que o mundo, ou nosso público, concorde conosco ou nos aplauda?

Em segundo lugar, precisamos nos lembrar do nosso primeiro amor. Bill Moyers perguntou a Fred Danback: "O que fez você continuar?" Danback respondeu: "Eu amo aquele rio. É um belo rio. Olhe para ele. É seu rio, é meu rio; pertence a todos. Quem tem o direito de estragar tudo? É assim que me sinto sobre isso. Eu ainda faço isso, até hoje". Sua lembrança daquele belo rio o manteve em uma longa luta.

O que nos mantém? Mantemos nosso primeiro amor – a razão pela qual nos tornamos artistas – em foco, ou nos distraímos pela necessidade de sobrevivência? Seu primeiro amor como artista pode ter sido revelado quando você desenhou algo no papel que ganhou vida para você. Ou talvez você estivesse interpretando um personagem em uma peça da escola e percebeu que havia entrado no mundo de outra pessoa, um mundo que você nem mesmo sabia que existia. Ou talvez, como dançarino, você deu um salto único que parecia desafiar a gravidade. Um primeiro amor por catalisadores criativos pode ter sido quando uma música começou a queimar profundamente dentro de você quando adolescente, ou quando você encontrou uma pintura à qual teve de voltar, pois algo naquela obra continuava abrindo novas perspectivas para você.

Uma maneira de abordar essa redescoberta de nosso primeiro amor pode ser considerar o contraste – o que agora está fazendo você perder a esperança? Como artistas e pessoas criativas são receptores talentosos, sensíveis aos problemas do mundo, podemos ser os primeiros a internalizar problemas e a ficar desesperados. É através desse primeiro amor que podemos reconhecer o que não deveria estar ocorrendo. Se esquecermos disso, acabaremos sendo engolidos pelo rio poluído e perderemos nossa visão de produzir arte – e possivelmente de viver.

Terceiro, precisamos tomar notas com profusão. Assim como Fred Danback, precisamos cumprir nossas responsabilidades como guardiões da cultura – limpando onde pudermos. Podemos usar nossas novas chaves para abrir as salas de trabalho da produção cultural. Podemos fazer anotações para mostrar às pessoas as práticas falhas que fluem como poluentes culturais, para que possam ser identificadas e abordadas. Fred não era um artista, mas muitos leitores deste livro são. Nossos cadernos devem ser preenchidos com ilustrações, com cores e desenhos fantásticos. Somos dotados de criatividade e expressão. Nossas notas devem ser belas, boas e verdadeiras.

A gestão da cultura e a gestão da natureza caminham lado a lado. As atividades das artes são atos de mordomia. Muitas pessoas veem as artes e o entretenimento como inimigos, ou pelo menos os veem com saudável desconfiança, e não sem motivo. Muitas expressões recentes das artes distorceram o bom, o verdadeiro e o belo da mesma forma que poluímos nossos rios. As artes são sempre as ascendentes da cultura, e os artistas são os criadores da cultura. A questão é: como produzimos mudança?

———— ◆◆ ————

Não há um dia em que eu não pense em Fred Danback. Como eu costumava correr no passeio do rio, agradeci a Deus por Fred ter semeado as sementes iniciais daquele sacrifício. Enquanto sigo atualmente o comportamento de nidificação dos pássaros azuis em minha fazenda, penso em seu trabalho para criar rios e ares mais limpos. Mas há mais nessa história.

No momento em que as notícias horríveis começaram a sair sobre os ataques dos aviões no 11 de setembro de 2001, a estimativa inicial dos que morreram era de doze a quinze mil. Nos dias seguintes, no entanto, os números continuaram diminuindo, chegando a 2.977 – ainda insuportáveis, com certeza. Eu tenho uma teoria sobre por que a estimativa inicial acabou sendo tão errada.

O 11 de setembro foi o primeiro dia de aula. Havia oito mil estudantes ao redor das torres do World Trade Center. Os pais tinham acabado de deixar seus filhos — assim como minha esposa com nossos três — quando a sombra sinistra do primeiro avião passou sobre eles no pátio da escola. Poucos desses pais chegaram ao trabalho. Aqueles que o fizeram desceram os degraus imediatamente, como muitos de nossos amigos, ignorando o direcionamento fatal de "fique onde está".

Você pode ainda não ver a conexão com Fred Danback, mas há uma ligação direta em minha mente. Aqui está ela: todas as escolas ao redor das torres foram construídas desde o final dos anos 1970. Como Danback estava disposto a ser rebaixado, o rio ficou mais limpo. Como o rio ficou mais limpo, os parques ao redor do rio tornaram-se atraentes. Como os parques eram bons, os jovens casais que se tornavam pais decidiram ficar em seus pequenos apartamentos no Battery Park em vez de fugir para o subúrbio. Por causa do enorme aumento resultante na população estudantil a partir do fim dos anos 70, a cidade construiu todas essas escolas.

Estou convencido de que Fred Danback fez a diferença no 11 de setembro. Uma pessoa com a coragem de ser rebaixada, uma pessoa disposta a se sacrificar pela restauração da beleza, criou um efeito cascata na cultura com influência geradora imensurável. Os efeitos de sua ação não podem ser medidos, mas podem ser contados apenas em como vivemos nossas vidas – e, portanto, vale a pena notar que as crianças do 11 de setembro, incluindo nossos três filhos, cresceram e se tornaram extremamente resilientes, criativas e voltadas para a comunidade.

Ações de cuidado cultural, da mesma forma, não podem ser medidas por métricas típicas de eficácia e eficiência. A medida do sucesso deve estar em como nosso sacrifício para tornar possível o cuidado cultural se manifesta na vida de nossos filhos.

Precisamos nos tornar uma comunidade de Fred Danbacks. Nunca devemos esquecer a beleza do rio de nossa vocação, e devemos ter a coragem de falar e sacrificar em seu nome.

Pessoas como Danback nos despertaram para a beleza do rio Hudson. Já não vemos um rio negro como uma coisa boa ou como o resultado inevitável do progresso. Algo mudou na frente ambiental da cultura, e precisamos replicar essa mudança na própria cultura, nos rios culturais que agora também estão enegrecidos e inabitáveis com o pragmatismo utilitarista e a supercomodificação.

Não precisamos nos opor à indústria ou ao capitalismo para sermos agentes de cuidado cultural. Os problemas que enfrentamos surgem não da produção de fios de cobre ou do envolvimento em negócios lucrativos, mas de um estreitamento de nossa compreensão de sucesso apenas para o que é mensurável em relação ao consumo e à utilidade – e, em última análise, de um fracasso em relação ao cuidado e à coragem.

15

Cuidado empresarial

O modelo do estuário cultural — um ambiente heterogêneo e competitivo que é preservado em direção a uma cultura próspera — aplica-se igualmente, com efeito, a empreendimentos capitalistas, ao empreendedorismo e ao que comecei a chamar de *cuidado empresarial*. A competição capitalista saudável também pode conduzir ao crescimento da cultura. Será útil iniciar esta discussão definindo melhor o termo catalisadores criativos como um ingrediente-chave para o cuidado cultural.

Catalisadores criativos são aqueles que podem não ser artistas em tempo integral, mas desejam contribuir para a criação de uma mudança duradoura na cultura de seus domínios de escolha. Catalisadores são, por definição, elementos que servem ao crescimento gerativo por estarem presentes na mistura de um microcosmo. Um catalisador criativo pode ser um CEO de uma empresa, um professor, um zelador ou até mesmo um artista que caminha para além da autoexpressão.

UM CATALIZADOR CRIATIVO EM AÇÃO

Um ex-membro do conselho do International Arts Movement, David Fuller, é um bom exemplo de catalisador criativo. Como executivo de banco, a princípio, ele se sentiu deslocado em uma de nossas conferências. Mas em uma das palestras, ele ouviu outro líder empresarial falar em ser um "catalisador criativo" e auxiliar na "reumanização" da cultura empresarial ao nosso redor. Dave voltou dessa conferência de artes e convocou uma discussão em seu banco em Oklahoma City. Ele reuniu os proprietários e a alta administração do banco e os conduziu na elaboração de duas perguntas: (1) Como podemos,

136 Cuidado cultural

como banco, ser "reumanizados"? e (2) Sendo uma empresa com fins lucrativos, como podemos ter resultados financeiros que *cuidem* de nossa comunidade? Dave recentemente me escreveu um e-mail contando essa jornada:

> Estabelecemos o que chamamos de Fundo dos Colaboradores. Este foi parcialmente financiado pelo banco, por contribuições individuais e por meio de projetos como o "Dias de Jeans". Toda sexta-feira, os funcionários podem usar jeans se contribuírem com US$ 3 para o Fundo dos Colaboradores. Os funcionários em cada local decidem como o dinheiro desse fundo é utilizado. Um dia, uma jovem mãe com dois filhos em seu carro passou pelo drive-thru de uma de nossas pequenas localidades rurais. O carro dela morreu e não dava partida. A bateria dela estava descarregada. Alguns de nossos funcionários empurraram o carro dela para o estacionamento. Então, com o dinheiro do Fundo dos Colaboradores, eles compraram uma bateria nova e a instalaram para ela. Parece simples, mas foi tão profundo em muitos níveis.

Um catalisador criativo, ao modelar e estender valores reumanizados, criou uma condição de cuidado cultural. No efeito cascata de um líder, um banco acabou cuidando de uma mãe solteira que precisava de ajuda. Esse ato único e colaborativo de generosidade exigia criatividade e imaginação tanto dos trabalhadores quanto da administração. Esse ato já começou a se multiplicar de forma gerativa na cultura do banco, aumentando a conscientização, comunicação e fidelidade para (e dos) clientes.

Muitas vezes, a prática empresarial e a criação artística são vistas como polos opostos em um espectro entre a pragmática e a criatividade. Por um lado, a disciplina empresarial requer uma tomada de decisão convergente, estreitando-se a um foco específico e a um resultado final em um sistema altamente organizado. Essa mentalidade pode fornecer estabilidade ao sistema e tem sido uma força dominante em nossa cultura. Os artistas, por outro lado, são pensadores divergentes, que muitas vezes parecem prosperar na incerteza e são engenhosos o suficiente para sobreviver com muito pouco.

O cuidado empresarial, como extensão do cuidado cultural, cria um microcosmo híbrido e mescla negócios e arte. Além disso, aprendemos no IAM que uma contribuição significativa pode ser feita para qualquer organização em crescimento, seja uma empresa ou uma igreja, se os tomadores de decisão pragmáticos *convidarem* artistas para participar do processo de tomada de decisão – se os pensadores analíticos envolverem intencionalmente pensadores intuitivos. Dave fez isso trazendo a palavra *reumanizar* para o contexto da tomada de decisões de seu banco.

Recentemente, almocei com um líder empresarial. Compartilhamos o que as pessoas enfrentam hoje em nossas áreas de especialização. Então, naturalmente, compartilhei um pouco sobre a situação dos artistas. Perguntei-lhe então o que seus clientes, que são CEOs e banqueiros, estão enfrentando. Ele falou de como os banqueiros, após o colapso do Lehman Brothers, agora precisam justificar seu trabalho. Muitos banqueiros tornaram-se banqueiros em razão da estabilidade e da elevada renda; eles estão dispostos a trabalhar duro para isso, mas antes nunca tiveram que justificar sua escolha. Mas agora os banqueiros que são questionados sobre "o que você faz?" em uma festa terão de defender a sua continuidade nessa profissão. Ele disse que isso também é verdade para alguns CEOs.

Estou acostumado a defender minha decisão de ser artista neste mundo pragmático. Se um banqueiro agora tem de fazer a mesma coisa, ocorreu-me que um banqueiro e um artista agora podem ter uma discussão mais significativa sobre como eles podem ajudar um ao outro a prosperar e ter uma visão para uma cultura reumanizada. Nessa conversa, a linguagem do cuidado – tanto para os negócios quanto para a cultura – não é apenas desejada, mas necessária para todas as pessoas. Estamos enfrentando um ponto de inflexão na cultura que exige mais do que o pensamento acerca de resultados financeiros. Precisamos de cuidado empresarial.

COMO COMEÇA UM MOVIMENTO

Muitas vezes me perguntam: "Como se cria um movimento?" Para iniciar um movimento, você precisa de três elementos: (1) um tipo de artista com capital criativo, (2) um tipo de pastor ou organizador comunitário com capital social e (3) um tipo de empresa com acesso a capital material. Para ilustrar o ponto em que compartilho essa ideia com outras pessoas, desenho um triângulo como o mostrado aqui:

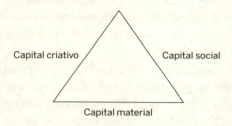

Figura 1. Capitalismo Reumanizado

O que é interessante sobre esse triângulo é que, se você tem dois dos três, pode tornar sustentável o que faz. Por exemplo, se você é criativo e tem muitos fundos, pode continuar criando. Se você tem muitos amigos e é muito criativo, vai se sair bem também. Mas se você tiver apenas um dos três, está em apuros. Imagine uma pessoa rica sem criatividade e sem amigos.

Como a maioria de nós não é dotada de todos os três, precisaremos fazer parceria com aqueles que são diferentes de nós. Um estuário cultural provavelmente fornecerá pessoas diferentes de nós, e precisamos começar a fazer amizades fora de nossa zona de conforto.

Assim, encorajo alguém que queira iniciar um movimento de cuidado cultural em sua região a reunir um grupo central com todos esses três tipos de capital. Se você é um artista, encontre um amigo pastor e um empresário. Dois dos três capitais tornarão o que você faz sustentável; três dos três capitais podem lançar um movimento generativo para o qual você pode convidar outras pessoas.

16

Conselhos práticos para artistas

Muitos artistas lutam para ganhar a vida com seu trabalho, e muitas vezes me perguntam como comecei minha carreira. Respondo primeiro falando da mentalidade que considero essencial. Ser autossustentável é bom, mas também é uma coisa nobre poder trabalhar das nove às cinco em um campo não relacionado – mesmo em um trabalho chato – quando isso é feito propositalmente para tornar a arte possível. Se você está servindo mesas, uma coisa é fazer isso para pagar seu aluguel, mas outra coisa é fazer isso para fazer sua arte. Na mentalidade da autossustentabilidade, você está no modo de sobrevivência, sempre necessitando mais; na outra mentalidade, você está sempre criando, deixando sua intuição germinar, mesmo quando serve aos outros. Esse é o caminho gerativo.

Muitas obras-primas de pinturas de naturezas mortas dos séculos 17 e 18 de Amsterdã (a era de ouro da pintura holandesa) foram produzidas por lojistas que vendiam queijo até o início da tarde, depois fechavam a loja e pintavam pelo resto do dia. T. S. Eliot era banqueiro, Wallace Stevens era vendedor de seguros, Dana Gioia era um executivo de marketing. Esses e outros escritores e artistas notáveis tiveram empregos diários. Alguns me disseram que criam melhor quando têm um ambiente de trabalho estável. Outros até procuram intencionalmente um trabalho burocrático enfadonho.

Você é chamado para fazer arte? Certifique-se de fazer essa pergunta juntamente com alguns conselheiros. É uma boa ideia, um amigo disse uma vez ao meu filho, ter um "conselho consultivo" para sua vida. Esse grupo de consulta deve ser formado por pessoas em quem você confia – e que podem

140   **Cuidado cultural**

lhe dizer a verdade. Eles podem ser amigos ou sábios mais velhos, mas devem incluir pessoas com experiências que você não possui, como advogados, contadores ou empresários. Você também deve incluir pessoas com experiência nas artes que possam ajudá-lo a discernir sua verdadeira vocação — ou sua ausência.

É impossível ser artista hoje. Você deve perseverar além de seus limites, enfrentando pessimistas, suas dúvidas e suas habilidades limitadas. Mas se pintar – ou atuar, ou escrever – é a única maneira de encontrar sua prosperidade interior, então você deve cultivar essa arte e ver se seu trabalho pode levar à prosperidade tanto para você quanto para sua família. Sob tais condições, se você não estiver profundamente convencido de seu chamado, a hesitação causará desespero e afetará seu trabalho.

AUMENTANDO O SUSTENTO

Depois de me formar na faculdade, eu sabia que precisava tentar me tornar um artista. Mesmo não sendo cristão à época, muitas vezes usei a expressão de que era "chamado" para descrever o sentido interior que tive de tentar desenvolver minha arte. Procurei um emprego que me permitisse pintar em tempo parcial. Tive a sorte de encontrar um cargo de professor assistente em uma escola de educação especial local. A história de Judy trazendo para casa um buquê de flores ocorreu nessa época. Até meu fracasso em ser artista acabou se tornando, no longo prazo, uma experiência gerativa. Mais tarde, quando descobri que era Cristo quem estava me chamando, ocorreu-me que ele também se importaria comigo o suficiente para suprir minhas necessidades e as de minha família. Cristo revela um Deus infinito, e ele nos ordena: "buscai primeiro o reino de Deus, e a sua justiça, e todas estas coisas vos serão acrescentadas." (Mateus 6:33). Cheguei a reconhecer que Deus não promete um caminho fácil, mas um caminho abundante.

Estava em uma comunidade de missionários que me ajudaram a compreender minha nova jornada como cristão. Fiquei convencido de que Deus havia me chamado de volta às artes após minha transferência de lealdade a Cristo. Eu tinha certeza de meu chamado, e meus amigos missionários pareciam ter certeza do deles. Então, perguntei a eles: "Como você torna seu chamado sustentável?" Eles me disseram que levantaram sustento. Eles procuraram todos os seus amigos e contatos, bem como muitas igrejas, e os informaram sobre seu chamado para serem missionários no Japão. No processo, eles aguçaram a articulação de seu chamado e testaram esse sentido de chamado.

Eu era um estudante de pós-graduação, agora com esposa e filho. Pensei: *Bem, sou chamado para ser um artista, então, como podemos aplicar isso à minha arte?* Tive algumas experiências de sucesso – o que significa que algumas peças foram vendidas e tive uma boa crítica no Japan Times – e várias pessoas se interessaram pelo meu trabalho e me visitaram em meu estúdio. Comecei a perguntar se elas estariam dispostas a me sustentar como artista por um ano. Pedi-lhes que não me pagassem adiantado para comprar uma peça, mas que pagassem em prestações mensais. Achei que isso me ajudaria a aprender a fazer um orçamento, e acabou sendo assim. Logo eu tinha seis ou sete pessoas dispostas a fazer isso, pagando, por exemplo, cem dólares por mês e vindo ao estúdio no final do ano para escolher um trabalho no valor de mil e duzentos dólares. Combinado com minha bolsa de estudos, consegui me sustentar com minha arte mesmo como estudante de pós-graduação.

Fui então a uma galeria interessada em meu trabalho e disse-lhes que queria fazer uma exposição, mas que metade das obras da exposição já teriam sido vendidas devido a esse arranjo. Disse à galeria que, com a metade das pinturas vendidas, com marcas vermelhas assinaladas ao lado delas na abertura da mostra, daria impulso à exposição. Eles concordaram.

142 Cuidado cultural

Foi assim que comecei. Isso surgiu da minha necessidade de sustentar minha família, mas ainda hoje o que faço é baseado no mesmo modelo.

A maioria dos colecionadores que primeiro compraram minhas obras eram "assalariados" japoneses. Eles não eram ricos, mas amavam a arte. Muitos deles me apoiaram durante minha estadia no Japão e depois doaram as obras que compraram para museus. Tive muita sorte. Nenhum dos colecionadores nos primeiros dez anos de minha carreira eram colecionadores "cristãos".

TRÊS PRINCÍPIOS PARA ARTISTAS

Mais recentemente, ao avançar em direção ao cuidado cultural, percebi que é benéfico pensar e orar não apenas pela sustentabilidade, mas pela geratividade. Vamos aplicar os três princípios compartilhados no início desta obra em um nível individual.

Momentos de gênese. Cada momento pode ser um momento de gênese, e os artistas geralmente estão mais sintonizados com essa realidade do que a maioria. A visita de um colecionador a um ateliê pode ser uma oportunidade de servir o colecionador e criar esses momentos. Um colecionador com foco gerativo provavelmente estará mais interessado em aprender com o processo criativo e ajudar o artista a prosperar.

Obviamente, o mercado da arte inclui galerias e até colecionadores que tratam a arte como uma transação estrita. Tento evitar ambos (o que significa que estou limitando bastante minha carreira). Considero um privilégio quando as pessoas visitam meu ateliê ou uma exposição para comprar uma pintura. Minha oração é que minha arte continue a criar momentos de gênese na vida delas.

Também pode ser proveitoso considerar o potencial de momentos de gênese como um ponto de vista ao falar com potenciais compradores. As pessoas se recusam a comprar arte que custe, digamos, mil e duzentos dólares. Isso parece muito dinheiro, e é um sacrifício para a maioria das pessoas. Mas isso também custa apenas cem dólares por mês – aproximando-se do preço de um filme para uma família de cinco pessoas. Um filme visto com sua família é memorável, mas efêmero. Uma obra de arte que você possui pode proporcionar anos de momentos de gênese em sua própria casa, e você também está investindo em geratividade, ajudando um artista a continuar seu trabalho.

Generosidade. Descobri que os artistas podem ser as pessoas mais generosas do mundo. Quando realizamos leilões ou outras solicitações de fundos para o IAM, são sempre os artistas que enviam suas obras (emolduradas e prontas para serem penduradas), que aparecem para se voluntariar e que até mesmo enviam cheques. Uma vez recebemos um cheque de cinco dólares de uma artista. Eu sabia que isso era um grande sacrifício para ela, e me emocionei ao agradecê-la. Ela disse que estava envergonhada com a quantia, mas garanti a ela que seu gesto significava mais para a equipe do que ela imaginava. Os artistas precisam liderar com generosidade na sociedade e na igreja, pois estão em contato regular com a gratuidade da ordem criada. Deus criou gratuitamente, e nós também podemos.

Geracional. As artes são geracionais por natureza, de modo que as pessoas, independentemente de suas disposições de fé, encontram-se pensando geracionalmente. Em qualquer bom museu você verá obras de quinhentos anos atrás — Fra Angélicos e Michelangelos, da Vincis e Rafaeis. Você já pensou que de alguma forma o que você faz ou produz pode durar quinhentos anos? É possível, mas improvável, que nossas obras sejam conhecidas daqui a tanto tempo. Mas uma cultura fiel de mordomia comunitária significará a criação de muitas obras de arte que inspirarão as gerações futuras a criar em direção a essa visão de quinhentos anos. O que você faz agora pode ser feito para preparar a base para que seus filhos e as gerações subsequentes prosperem. Isso pode lhe custar *status* ou sucesso, mas alguma arte pode ser uma oferta de sacrifício para o futuro próspero.

Se você é um defensor das artes, tente encaixar o que você faz nessa missão de quinhentos anos também. Seu pequeno investimento hoje para ajudar um artista, um dançarino ou um grupo de teatro pode ser uma pedra atirada no lago da cultura cujo efeito cascata se torna mais substancial do que sua própria experiência imediata.

Em uma palestra para artistas na minha galeria na década de 1990, reclamei do fato de que a maioria dos colecionadores que compraram as obras que fiz em resposta ao chamado de Deus não eram cristãos. Eu disse que, como criava arte por vocação, queria que algumas de minhas obras fossem para as casas dos cristãos. Um pastor da Filadélfia estava na plateia. Ele se tornou o primeiro pastor a comprar uma das minhas gravuras. Eu sabia que ele estava se sacrificando para se comprometer com sua aquisição, e um peso caiu dos meus ombros quando ouvi isso. Senti-me confirmado em meu chamado. Esse pastor é agora o presidente de uma importante faculdade cristã. Toda vez que penso em minha vocação, penso em seu ato e no quanto sua compra me encorajou.

A atitude importa. Mesmo se você for realmente chamado, encontrará ocasiões para reclamar quando as circunstâncias não se alinharem com esse senso de chamado. Isso é diferente de uma atitude que se percebe na posse de direitos, enfurecendo-se quando o mundo não o apoia instantaneamente (eu evito o trabalho de jovens artistas com essa visão). Mas uma reclamação vinda a partir de seu chamado é mais um convite do que uma demanda. Ao falar da ausência de colecionadores cristãos em minha vida, eu sorria, e me recordo que era menos uma exigência do que uma oração.

Ter uma perspectiva positiva na adversidade deve ser um dos principais fatores que você considera ao reconhecer seu chamado. Em vez de desistir por causa das muitas e muitas portas fechadas que enfrentamos como artistas, e em vez de ficar com raiva do mundo por "nossa arte não atender às necessidades do mundo", podemos nos alegrar com nossa falta, pois é Deus, o grande Artista, que responderá ao nosso clamor e fornecerá pão para nossa jornada.

"Bem-aventurados os perseguidos por causa da justiça", diz Jesus em Mateus 5:10. Ele está falando com artistas tanto quanto qualquer outro grupo de seus seguidores. Um artista é chamado por Deus tanto quanto qualquer missionário ou membro da igreja. Todos nós, artistas e outros, enfrentaremos algum grau de conflito para responder ao nosso chamado. Mas todos nós somos chamados ao amor, e precisamos ser ousados em declarar nossos chamados. Para os artistas que criam por meio de tal vocação para um amor maior, a arte está no centro de sua realidade, de sua própria existência. Assim como Emily Dickinson teve que escrever, como Vincent van Gogh teve que pintar, como Mahalia Jackson teve que cantar, também devemos caminhar para criar uma condição maior de consciência, uma nova visão de cuidado para todos.

17

Cultivando nosso solo cultural na era da ansiedade

No verão de 2011, um agricultor japonês plantou sementes de girassol no solo contaminado de Fukushima, a poucos quilômetros de distância das instalações nucleares de Daiei, danificadas pelo terremoto. O vazamento radioativo continuou desde o tsunami devastador de 11 de março de 2011. Por que ele fez isso? Porque ele aprendeu que os girassóis têm uma capacidade única de captar isótopos radioativos e armazená-los em suas sementes. O agricultor colhia as flores, que continham vagens de radioatividade, tornando a terra menos poluída.

E se o nosso solo cultural também estiver irremediavelmente contaminado? Valeria a pena algum esforço para lavrá-lo? Essas perguntas rodopiaram em minha mente enquanto escrevia *Cuidado cultural*. Algumas pessoas consideram nossa cultura uma "cultura da morte" e acreditam que nosso solo cultural, assim como em Fukushima, é um deserto.

Essa história do agricultor de girassóis nos diz que mesmo que o solo seja radioativo, ainda precisamos ser agricultores.

———◆———

Quando dei uma palestra sobre cuidado cultural em Michigan, uma estudiosa muçulmana veio até mim depois e compartilhou suas lágrimas comigo. "No meu país, as guerras culturais significam literalmente vida ou morte. Obrigado por sua tese: o cuidado com a cultura pode salvar vidas."

Quando comecei a palestrar sobre essa tese, nunca imaginei que o cuidado cultural pudesse salvar vidas. Mas quando

148 **Cuidado cultural**

considero a situação da cultura de onde essa mulher vem, percebo que ela está certa. Além disso, com o alcance da influência americana hoje, a retórica das guerras culturais pode levar a guerras literais. Em uma condição tão polarizada, precisamos criar outro caminho para uma conversa acerca de diversidade e pluralidade.

Os agentes do cuidado cultural nutrem o bom, o verdadeiro e o belo no solo da cultura. Reinhold Niebuhr afirmou que "a democracia é um método de encontrar soluções aproximadas para problemas insolúveis".[1] O objetivo não é vencer a todo custo – a democracia nunca pretende resolver os problemas insolúveis do pluralismo complexo, não importa quem seja o líder. Niebuhr também nos adverte: "Nada que seja verdadeiro, belo ou bom faz sentido pleno em qualquer contexto imediato da história; assim, devemos ser salvos pela fé".[2] O cuidado com a cultura é um trabalho geracional e exigirá muita fé.

O Dr. Martin Luther King Jr., um dia antes de ser morto a tiros em Memphis, fez um discurso emocionante agora conhecido como seu "Discurso no topo da montanha". Nele, ele afirmou: "Os homens, há anos, vêm falando sobre guerra e paz. Mas agora, eles não podem mais falar sobre isso. Não é mais uma escolha entre violência e não violência neste mundo; é não violência ou inexistência. É onde estamos hoje".[3]

O que significa dizer "tenho um sonho hoje" em meio a uma cultura tão radioativa e cheia de ansiedade? Devemos lembrar a advertência do Dr. King para observar que "não é mais uma

---

1 Reinhold Niebuhr, *Major works on religion and politics*, Kindle ed. (Nova York: Library of America, 2015), loc. 6358.

2 Reinhold Niebuhr, *The irony of american history* (1952; repr., Chicago: University of Chicago Press, 2008), p. 63.

3 Martin Luther King Jr., "I've been to the mountaintop" (discurso proferido no Mason Temple, Memphis, Tennessee, 3 de abril de 1968); disponível em American Rhetoric, www.americanrhetoric.com/speeches/mlkivebeentothemountaintop.htm.

Cultivando nosso solo cultural na era da ansiedade 149

escolha entre violência e não violência", mas "é não violência ou inexistência". Como a estudiosa muçulmana me lembrou, essa não escolha é uma realidade terrível. Deixando de ser um luxo não essencial, o cuidado cultural é o único caminho a seguir para semear sementes de esperança nos solos áridos e contaminados de nossos dias.

De fato, dizer "Eu tenho um sonho hoje" é plantar sementes de esperança no solo radioativo de decepções, medos e traumas.

Quando "vencemos" as batalhas da guerra cultural demonizando o outro lado, a paralisia e as decepções resultantes levam à expansão das fissuras em vez do solo da abundância. Ter convicções profundas sobre o mundo é importante; mas o problema está em supor que existe um ambiente de soma zero em que alguém ganha e alguém perde. Os estuários culturais prosperam na diversidade. Assim, as convicções que resultam em desacordos agudos não são o problema. Enxergar apenas um ambiente de recursos severamente limitados, com medo de acreditar que o solo da cultura não pode mais ser um lugar de abundância, e ficar preso nesse medo é o problema.

Uma cultura do medo nunca produziu uma grande cultura. Não criamos grande arte em resposta ao medo e à ansiedade; criamos grande arte amando a cultura, amando os materiais e as histórias a partir das quais criamos arte. Criamos uma grande arte tendo fé para amar nosso próximo como a nós mesmos e até mesmo amar nossos inimigos. Devemos lembrar que um estuário cultural é um ambiente heterogêneo. Enquanto viajamos pela cultura polarizada, mesmo que não possamos encontrar um terreno comum, ainda podemos encontrar uma maneira de valorizar as diferenças e atender o chamado ao amor. "Vida em comum", termo usado no subtítulo deste livro, é diferente de "terreno em comum". A "vida em comum" considera a diversidade pluralista e ainda afirma que essas diferenças podem ser a base de um estuário cultural abundante. O cuidado rejuvenesce a cultura aspirando ao bem maior,

150 Cuidado cultural

mediando e guiando ativamente as pessoas através da escuridão da injustiça.

Para nutrir o solo da cultura, devemos aprender a enxergar com os olhos do nosso coração (Efésios 1:18), além do medo, da ansiedade e do desespero. Ser paciente e longânimo, especialmente em meio à diversidade; amar profundamente através dessas diferenças; nutrir o solo da imaginação que busca entender o outro, gestando na fé até que possamos dar à luz uma cidade de "nossos melhores anjos", como disse Abraham Lincoln. E se fizéssemos isso? Encontraríamos uma cidade cheia do aroma do novo, emanando do extravagante, com habitantes como girassóis brilhantes virando a cabeça para o sol. Do trauma de nossos tempos e da desilusão de nossos dias, Deus daria à luz algo verdadeiro, bom e belo. E Deus ainda pode purificar nossos solos do veneno radioativo do medo na era da ansiedade.

W. H. Vanstone, um teólogo anglicano, observou em *Love's Endeavour, Love's Expense*, depois de ver um artesão trabalhar para criar: "Assim, através desse simples incidente, fui ajudado a ver que a consciência da importância de qualquer aspecto da realidade material pode ser a consciência não de sua relevância para o bem-estar humano, mas simplesmente de ser obra do amor, e que um sentido de responsabilidade por ela pode ser um senso de responsabilidade por uma obra de amor".[4]

O cuidado cultural é essa "obra de amor" do solo cultural. Pode ser que precisemos proteger nossa terra dos invasores, mas certamente é verdade que, se não cultivarmos nosso solo cultural com amor, não teremos nada frutífero que faça valer a pena invadir. Se o solo cultural é abundante em frutas, a terra pode ser capaz de fornecer mais do que alimento sustentável para nossos corpos – ela ainda pode fornecer alimento

---

4   W. H. Vanstone, *Love's endeavour, love's expense: the response of being to the love of od* (Londres: Darton, Longman and Todd, 1977), p. 34.

gerativo para nossas almas, para que possamos convidar até mesmo estranhos e inimigos para a mesa (Salmo 23).

UMA PARÁBOLA SOBRE ABELHAS

Fiquei ali com as abelhas zumbindo ao meu redor. "Não deixe uma abelha entrar no seu ouvido", disse um dos apicultores. "Tire-as para fora se o fizerem, porque elas não vão sair daí."

Eu era um dos cerca de 25 alunos em uma aula de apicultura para iniciantes de extensão da Rutgers University em seu centro ecológico. Depois de uma sessão matinal descrevendo os tipos de abelhas (sete), o comportamento e os fundamentos da ecologia das abelhas (uma sociobiologia muito complexa nas colônias), o apicultor disse de repente: "Tudo bem, é hora de ir observar as colmeias".

Bob, o apicultor, disse: "Se você estiver vestindo um suéter de lã, tire-o, porque as abelhas podem se enroscar neles. Se você está realmente com medo, então afaste-se, porque elas sentirão seu medo". Seguimos os apicultores em um dia frio de outono em Nova Jersey, e mais ou menos na metade do caminho para as colmeias percebi que não estávamos usando capas protetoras sobre nossos corpos e nenhuma proteção facial e capas para a cabeça. Os apicultores continuavam nos levando para o topo da colina onde estavam as caixas das colmeias. Eu me senti como uma criança escoteira sendo encorajada por conselheiros adolescentes entusiasmados a pular em um lago frio.

Fiquei no meio do caminho entre os alunos temerosos e o monte de colmeias morro acima. Eu não era tão ousado quanto alguns alunos, mas achei os padrões de enxames de abelhas muito bonitos quando Bob abriu a caixa. Depois que ele nos mostrou como usar o defumador, a fumaça das agulhas de pinheiro era penetrante no ar. Eu estava perto o suficiente para ver Bob pegar uma das abelhas rastejando em sua mão e apertá-la intencionalmente para fazê-la picá-lo. A abelha se contorceu e seu rabo bateu na pele bronzeada de Bob. Ele deixou

152   Cuidado cultural

a abelha cair no chão e fez sinal para que nos aproximássemos. "Vê aquela bolsa pulsando?"

Sim, havia uma bolsa, os restos triangulares brancos brilhantes como um pequeno coração preso ao ferrão. As abelhas morrem quando picam, então aprendemos que elas não gostam de picar a menos que sejam provocadas.

"Tenho quarenta e cinco segundos", disse Bill. "Tudo o que você precisa fazer é sacudir a bolsa." Bill sacudiu a bolsa com a unha indicadora como se fosse um grão de poeira. "As toxinas não entrarão em seu corpo se você fizer isso."

Todos nós assentimos, ainda um pouco céticos de que as abelhas sejam tão inofensivas quanto pareciam a Bob.

As abelhas lhe examinam, pois você faz parte de seus deveres matinais de inspecionar seus arredores. Como várias delas rastejaram em minhas mãos (eu imaginei uma rastejando em meu ouvido, mas nenhuma o fez), tive uma revelação.

Artistas são como abelhas.

Os artistas picam, ou pelo menos têm a reputação de que picam. Em várias comunidades, incluindo igrejas, os artistas têm fama de serem difíceis de lidar e até tóxicos para o grupo. Somos também criaturas curiosas, zumbindo pelo bairro, esquadrinhando fendas para buscar beleza em lugares inesperados. Artistas (*mearcstapas*), em tal busca, podem parecer bastante estranhos, até mesmo perigosos. As pessoas procuram equipamentos de proteção quando entram em museus, especialmente na ala contemporânea. A maioria dos artistas não quer picar, mas são exploradores intuitivos e podem sentir seus medos.

Todos nós precisamos aprender com as abelhas e os apicultores. Nosso ecossistema precisa urgentemente de abelhas. O distúrbio do colapso da colmeia se espalhou (devido aos ácaros das abelhas, segundo os apicultores), e sem a polinização das abelhas, a produção de frutas e vegetais será severamente limitada. Somente na indústria de amêndoa da Califórnia,

Cultivando nosso solo cultural na era da ansiedade 153

1,6 milhão de colônias de abelhas são importadas de outros estados para garantir a polinização das flores de amêndoa. Bill era um desses exportadores, criando abelhas para transportar para a Flórida e a Califórnia para as temporadas de polinização. Os campos culturais também precisam urgentemente de polinização. Os artistas são polinizadores da cultura, e a cultura não pode produzir flores sem o esforço dos artistas.

Onde há bons guardiões da cultura, os artistas podem simplesmente ser autorizados a vagar livremente para polinizar. Muitos consideram que os artistas têm ferrões e permanecem distantes, isolando intencionalmente os artistas em sua comunidade como resultado. Mas os artistas são essenciais para a cultura em geral, e os artistas que conheço não querem picar ninguém.

Os artistas foram isolados das realidades de trabalho da vida da maioria das pessoas, e a arte (especialmente com "A" maiúsculo nos círculos da "alta arte") tornou-se uma atividade elitista. Escanteamos os artistas para uma área limitada de influência; é hora de soltá-los para pastagens mais amplas. Por causa da realidade polarizada resultante de muitos anos de guerras culturais, também temos um "colapso das colmeias" com artistas que não conseguem sustentar suas vidas ou criar uma futura geração de líderes artísticos.

As abelhas podem polinizar flores em um raio de até quatro quilômetros de suas colmeias. Muitos estudos de sociobiologia foram feitos sobre abelhas trabalhadoras voltando à colmeia para comunicar a localização das flores às outras abelhas com uma série complexa de danças. Os *mearcstapas*, artistas que espreitam as fronteiras no campo da cultura, também enviam batedores aos confins das culturas, e talvez até criem séries complexas de danças e arte para comunicar onde estão os néctares culturais.

As abelhas excretam, de sua exploração, mel; doce e saboroso, o mel também conserva e raramente estraga. Um

154 Cuidado cultural

resultado tão delicioso é o produto de um estuário cultural. Nossa arte também pode se tornar um néctar duradouro extraído de nossas jornadas de espreitadores fronteiras? E se nossa arte alimentasse muitas almas famintas ou amargas como parte do bom plano de Deus para nos nutrir e preservar? Essa é a jornada do cuidado cultural.

18

Novos vocabulários, novas histórias

A estratégia geral do cuidado cultural é criar estuários culturais. Nossos grupos de leitura, igrejas e escolas podem se tornar microcosmos de cuidado. O guia de discussão no fim deste livro foi desenvolvido por dois implementadores iniciais, Julie Silander e Peter Edman, para auxiliar esses grupos. Todos podem participar do processo. Como estamos vendo, antes que possamos começar a criar tais portos, teremos que reexaminar alguns pontos de vista culturais convencionais e injetar um novo vocabulário em nossos diálogos, passando das guerras culturais ao cuidado cultural. Deixe-me terminar com um exemplo.

Em uma visita à Biola University, conversei com uma fotógrafa que se formou no departamento de arte da universidade. Ela cria obras de arte e também usa seu ofício como fotógrafa de casamentos para ganhar a vida. Ao discutirmos sobre o cuidado cultural, concordamos que a frase "tirar uma fotografia" é problemática. Quando tiramos uma fotografia, o que exatamente estamos fazendo? Estamos gravando a imagem da pessoa como alguns já pensaram sobre as fotografias – roubar a alma de uma pessoa?

O fato de os *paparazzi* tirarem fotos de celebridades para ganho comercial ou pela pura emoção de expor um momento escandaloso parece, de fato, tirar a alma de alguém, tratando o assunto como algo mais do que humano. Não pode isso contribuir para a maneira como muitos atores e músicos famosos parecem se encontrar em uma existência esgotada e semelhante a zumbis, insensíveis e alienados de seus próprios

156   Cuidado cultural

dons naturais que deveriam estar transmitindo aos outros um profundo senso de humanidade? O termo tirar fotos também acentua uma mentalidade de guerra cultural, de manipulação de imagens para ampliar a divisão.

Essa fotógrafa e eu chegamos juntos a uma boa alternativa. E se nós "presenteássemos" fotografias em vez de "tirá-las"? Seria possível praticar a fotografia como um presente para aquela pessoa para quem se aponta a câmera? Como um fotógrafo profissional pode modificar a natureza transacional desse trabalho para ganhar a vida e, melhor ainda, ser gerativo? Essa pode parecer uma abordagem simples, até mesmo inocente. Mas as palavras são poderosas. A mentalidade de uma sessão de fotos e como falamos sobre fotografias pode ser, assim como a intervenção de Scout em O sol é para todos, profética e inocente ao mesmo tempo.

Estamos tentando contribuir para esse tipo de reimaginação no International Arts Movement. No Brehm Center, treinamos estudantes criativos para integrar suas formações teológicas, espirituais e culturais. O IAM é um lugar de experimentação para ver se tal movimento de percepção alterada pode ser implementado no estúdio de um fotógrafo, no cavalete de um artista, a partir de um palco de teatro. Então, à medida que avançamos, exorto vocês a viajarem conosco. Se alguma coisa neste livro despertou seu coração, por favor, comece a aplicar os princípios em sua vida e em sua arte, e conte-nos o que acontece.

Lembre-se: nosso fracasso em pensar e agir de forma gerativa, e nossa consciência desse fracasso, é o primeiro passo em direção à geratividade. Uma reunião de cuidado cultural pode simplesmente, a princípio, parecer um grupo de pessoas admitindo que não conseguem ser gerativos, mas dispostos a pedir a opinião uns dos outros. Tornar-se gerativo é um princípio constante e um processo contínuo. Precisamos reconhecer que nós, em nós mesmos, podemos não ter o poder de regenerar o que está se decompondo à nossa frente ou

Novos vocabulários, novas histórias 157

de lutar contra uma cultura que está morrendo. Mas, fazendo disso o ponto de partida, podemos explorar o que Wendell Berry chama de dádiva da terra, dádiva da cultura. Que nossos trabalhos sejam sementes no solo da cultura. Melhor ainda, que essas conversas fortaleçam nossas mãos para cultivar esse solo para que a boa semente possa se enraizar profundamente e florescer. Que nosso jardim cultural, nosso pomar cultural, torne-se um local de abrigo para muitas criaturas, inclusive nossos próprios netos. Que possamos espreitar as fronteiras e margens, aceitando nosso chamado delegado para levar boas novas aos pobres.

Deixe-me finalmente responder à pergunta que levantei no início desta introdução ao cuidado cultural: *precisamos* de beleza em nossas vidas? Se desejamos ser totalmente humanos, a resposta é sim, absolutamente.

Mas agora podemos ver, seguindo o fluxo de pensamentos até o momento, que mesmo essa questão é, em última análise, utilitária. Devemos deixar de perguntar: de que precisamos? para perguntarmos: pelo que ansiamos?

A visão bíblica para o florescimento de nossas vidas, vividas plenamente sob o amor de Deus, inclui o belo. É por isso que ansiamos. E você? Pelo que você anseia? A beleza pode apontar para essa realidade? Como você vive a resposta a essas perguntas é com você. Mas a busca dessas questões levará à nutrição de nossas almas.

19

E se?

E se cada um de nós se esforçasse para trazer beleza à vida de alguém hoje de alguma forma?

E se nós, pela fé, víssemos cada momento como um momento de gênese, e até mesmo víssemos os problemas atuais que estamos enfrentando como oportunidades de gênese?

E se, em vez de tratar a independência e a criatividade dos artistas como problemas a serem resolvidos, encontrássemos nelas oportunidades para um novo tipo de liderança em nosso fluxo cultural atual?

E se os artistas se tornassem conhecidos por sua generosidade, e não apenas por sua autoexpressão?

E se a escola de arte se tornasse um lugar para treinar agentes de cuidado cultural em vez de um filtro que deixa passar apenas artistas que podem "dar certo"?

E se considerássemos nossas ações, nossas decisões e nossos produtos criativos à luz de quinhentos anos e múltiplas gerações?

E se começássemos a transgredir os limites integrando nossa fé, arte e vida – e falando com ousadia sobre eles?

E se nos comprometermos a falar de uma nova criatividade e visão na cultura, em vez de denunciar e boicotar outros produtos culturais?

E se víssemos a arte como dádiva, não apenas como mercadoria?

E se capacitarmos os espreitadores-de-fronteiras em nossa comunidade, apoiando-os e enviando-os?

160   **Cuidado cultural**

E se nós, como Mahalia Jackson, apoiássemos nossos pregadores e líderes e os exortássemos a "contar-lhes sobre o sonho"?

E se criássemos músicas para atrair pessoas para movimentos por justiça e prosperidade?

E se fizéssemos as coisas em segredo, como Emily Dickinson, sabendo que o mundo pode ainda não estar pronto para nossos pensamentos?

E se nos tornássemos guardiões da cultura, dispostos a ser rebaixados por defender o que é certo, mas tomando notas abundantes para que possamos desafiar o *status quo*?

E se considerarmos que o capital relacional e criativo é infinito?

Que tipo de efeito isso teria em nossas práticas de negócios?

E se nós "presentearmos" com fotografias para compartilhar a luz do que é milagroso nas pessoas em vez de "tirar" fotografias para que possamos possuí-las e vendê-las?

SEU "E SE"

Anote seus próprios "e se" e compartilhe-os com os amigos. Considere maneiras de usar essas declarações para ajudar a criar um plano para sua comunidade.

20

O último buquê

Este livro começa com a história de um jovem casal recém-casado. O início da jornada foi uma peça-chave para escrever esse livro. Eu tentei colocar em prática a beleza do buquê de flores com o qual ela me presenteou. Então, é com grande tristeza que anuncio que o nosso casamento acabou abruptamente depois de trinta e três anos, em 2016. Mesmo contando essa história de ruptura, fiz o meu melhor para amar e cuidar do presente que Judy foi, e tenho confiança que vou continuar a fazê-lo. Aquele buquê foi um dos melhores presentes que recebi na vida. Eu os celebro, assim como nossos três filhos incríveis, enquanto escrevo esse último capítulo.

Eu escrevi neste livro que todo desafio da vida é uma oportunidade para um novo começo. Enquanto passava por diversos traumas nos últimos anos, tive que acreditar verdadeiramente em minhas palavras. Todos os capítulos desse livro ganharam novo significado. Era como se minhas vozes do passado ressuscitassem em mim, enquanto eu perseverava e tentava dar um significado maior para todo o sofrimento dos últimos meses. Eu precisava ouvir aquela voz gerativa que reverbera ao longo desse livro para encarar a grande escuridão e tristeza que tomaram conta da minha jornada.

A vida traz muitas dificuldades e desafios. Jesus prometeu uma vida abundante, mas nunca uma vida fácil. Talvez você também tenha sido atingido com o impensável, algo que você nunca esperou, alguém que você tanto estimava foi tirado de você. Cuidado Cultural não é a jornada escapista de um idealista. Cuidado Cultural exige um preparo árduo e diário, um cuidado atento da sua própria vida e cultura, mesmo entre as tempestades da vida. Cuidado Cultural é uma jornada de esperança recebida em meio às tempestades da "escuridão presente". Cuidado Cultural é uma jornada de graça.

Que as nossas vidas sejam marcadas pelo cuidado através das fraturas e dos traumas, provendo a condição para um novo florescer no tempo certo. Terão mais buquês para saírem desse solo chamado vida. Mesmo que você ainda não consiga ver a primavera e especialmente quando o inverno for rigoroso, é hora de relembrar as cores abundantes do "último buquê". A geratividade nasce das fissuras profundas de nossas vidas e culturas, fora das dores e sofrimentos do presente – as "dores de parto" que São Paulo fala em Romanos 8. Espero que você descubra que isso é verdade, assim como eu estou descobrindo ao longo dos desafios da minha própria vida.

Um posfácio gratuito

A tela *Golden Sea* foi o resultado de um ato gratuito de criatividade. Enquanto trabalhava intensamente e semi-sequestrado no projeto de um ano e meio de *The Four Holy Gospels*, eu precisava de um alívio do trabalho detalhado de 140 páginas de pequenas iluminuras. Então peguei uma tela grande, estiquei papel Kumohada sobre ela e comecei a trabalhar nela sem nenhum propósito para a peça. Nenhuma exposição a esperava, e não tinha sequer um tema. Foi um momento de diversão para minha intuição, um presente para permitir que os materiais fossem colocados em camadas e minha alma fosse nutrida para que, quando me sentasse para trabalhar nas iluminuras, pudesse aproveitar essa liberdade de movimento e expressão.

A pintura resultante, agora chamada *Golden Sea*, tornou-se uma das obras seminais da minha carreira. Meu filho Ty foi contratado pela Crossway, editora da obra *The Four Holy Gospels*, para gravar vídeos para esse projeto. Quando ele entrou no estúdio enquanto eu trabalhava nas iluminuras, ele me perguntou: "Ei, o que é essa pintura?" Até então, ela incluía mais de sessenta camadas de minerais e ouro aplicado. "Eu não sei", disse. "É algo em que tenho trabalhado." Ele parou para olhar. "Tem tudo o que você já fez nele."

Cerca de duas semanas depois, Valerie Dillon, proprietária da Dillon Gallery em Nova York, que representa meus trabalhos, veio ver as iluminuras e fez uma observação semelhante. Enquanto discutíamos nosso próximo catálogo retrospectivo, ela disse: "É claro que essa pintura estará na capa, certo?"

Às vezes, o melhor trabalho surge na disciplina diária do trabalho, quando você menos espera. É gratuito e, a princípio,

164 Cuidado cultural

periférico, mas depois revela o cerne de quem você é, pois sua intuição sabe o que precisa ser expresso antes mesmo de sua mente racional, ou a do mercado.

Aconselho os jovens artistas a sempre fazerem algum trabalho em segredo, seja pinturas que você nunca pretende mostrar, seja um poema que você não precisa enviar para uma editora. A arte resiste a se limitar na produção de uma carreira utilitária. Nossa intuição parece almejar a abundância de alegria plenamente humana, que está ligada ao ato de criação graciosa de Deus. Deus não precisa de nós para existir; não satisfazemos as necessidades de Deus. Somos criados em amor, e o cosmos está repleto do deleite do Criador que criou para o amor e o encantamento – e nos dá um papel a desempenhar na extensão de ambos.

Comece agora, hoje, a colocar esse trabalho secreto em sua "mesa Emily Dickinson". Que sua intuição seja nutrida pelo dom que você recebeu.

Que nossas vidas, nossa fé e nossa arte reflitam e estendam esse amor e encantamento da graça.

Que estejamos sempre dispostos a oferecer um buquê de flores, mesmo para um artista – ou uma cultura – que ainda não saiba que deseja beleza.

Guia de discussão

Por Julie Silander e Peter Edman

SOBRE ESTE GUIA

As perguntas deste guia foram elaboradas para estimular mais reflexões pessoais e conversas em grupo sobre os tópicos relacionados ao cuidado cultural. Escolha um facilitador para orientar a conversa para seu grupo. Para cada reunião, o facilitador deve planejar com antecedência e escolher um ou dois capítulos para discutir, depois se concentrar em duas ou três perguntas que pareçam mais relevantes para suas circunstâncias e tempo disponível.

Esperamos que as conversas sobre este livro e tópico sejam produtivas e até surpreendentes. Assim, tente reservar um tempo para discutir questões ou tópicos relacionados que surgirão naturalmente em seu grupo. Mantenha um registro das ideias que seu grupo gera ou deseja colocar em prática e volte a elas em alguns meses para ver como você está se saindo.

PREFÁCIO

• Você já trabalhou para entender um ponto de vista diferente do seu? Como foi essa experiência? Você vê alguma diferença em si como resultado?

• Em um relacionamento pessoal, ambiente de trabalho ou esforço colaborativo, você já mudou de uma postura de *estar preparado para vencer* para uma postura de *servir com amor*? O que causou a mudança? Qual foi o resultado?

1. SOBRE TORNAR-SE GERATIVO

• A palavra gerativo é derivada de uma palavra latina que significa "gerar". Judy, ao trazer flores para casa, deu vida à beleza no lar, que gerou uma mudança de perspectiva e em nosso coração, gerando, assim, um movimento crescente que ainda influencia

166 Cuidado cultural

famílias, igrejas e comunidades. O que mais chamou sua atenção nessa história acerca de um ato gerativo?

- Algum dos três princípios neste capítulo o surpreendeu? Eles teriam sido familiares a pessoas de gerações passadas ou de outras culturas?

- Já houve momentos em que você foi arrancado de um ciclo de preocupação por um ato de beleza? O que alimentou sua alma ou o ajudou a escapar de uma mentalidade de sobrevivência? Tente pintar um quadro com suas palavras.

- Fujimura sugere que algo é "desperto pelo fracasso, pela tragédia e pela decepção". O que é desperto? O que significa para você "a esperança de algo novo" após o fracasso?

- Fale sobre uma época que começou como fracasso acabou resultando em crescimento.

- Você espera nutrir as almas de quem? Como? Lembre-se: nutrir uma alma não precisa ser um grande gesto – e raramente é.

- Pense nas pessoas de sua comunidade e nas esferas de influência. Como cada um pode mudar para que existam mais encontros com a generosidade? Como seria para você ser mais generoso com essas pessoas – com seu tempo, recursos, história e dons? Liste alguns exemplos.

- Quais são dois ou três fatores que o impedem de ser mais generoso? Que medidas você pode tomar para contornar esses obstáculos? O que o autor sugere ser o benefício de encontros com a generosidade?

2. CUIDADO CULTURAL DEFINIDO

- Você se identificou com a definição de cuidado cultural como "cuidado com a 'alma' de nossa cultura"?

- Andy Crouch argumentou que a saúde de uma sociedade pode ser medida pelo grau em que os mais vulneráveis estão florescendo.[1] Quem são os mais vulneráveis em seu país? Em sua comunidade? Em sua família?

- Como seria o florescimento – uma condição em que as pessoas estão crescendo e prosperando – para cada um desses grupos vulneráveis?

---

1 Veja Andy Crouch, *Strong and weak: embracing a life of love, risk and true flourishing* (Downers Grove, IL: InterVarsity Press, 2016).

Guia de discussão 167

- Cite algumas preocupações ambientais atuais. O que as pessoas estão fazendo para resolver esses problemas atuais ou potenciais? Essas abordagens poderiam (e deveriam) ser traduzidas para a esfera cultural – nosso ambiente social?
- Liste vários adjetivos que descrevem nossa cultura. Algum descreve uma ameaça atual ou futura à saúde da nossa sociedade?
- Pense em maneiras pelas quais pessoas de diferentes origens contribuem para o bem comum. O que significa ser uma pessoa de boa vontade em uma cultura fragmentada?
- Fujimura resume o cuidado cultural como "pensamento gerativo aplicado". O que essa afirmação significa para você?

3. RIO NEGRO, TERRAS RACHADAS

- Cite algumas das comunidades às quais você pertence. Qual é mais influente em sua vida? Em qual você tem influência?
- Fujimura escreve: "Às vezes estamos mais conscientes de nossa dependência e, por vezes, estamos mais conscientes de nossas contribuições, mas existimos em comunidade". Pense em pessoas que parecem mais dependentes. O que sua presença oferece à comunidade?
- Para cada uma das comunidades que você listou, que influências ameaçam a harmonia e a prosperidade? Alguns exemplos podem ser mídia externa; história familiar, regional ou nacional; ou disparidade educacional. Não é uma pergunta fácil de responder, mas é importante. Considere fazer uma lista de poluentes culturais e adicione mais dados ao longo de vários dias.
- Você consegue pensar em sucessos tecnológicos ou financeiros específicos que contribuíram para a fragmentação cultural? Como a suposição básica de que a eficiência equivale ao progresso funciona em sua comunidade religiosa, bairro, local de trabalho, família ou amizades?
- Como cada uma dessas relações sociais poderia ser diferente se a eficiência fosse desvalorizada? Você consegue imaginar um ritmo de vida mais lento? Você pode pensar em maneiras de fazer mais margem em sua vida?
- Você já experimentou hiperespecialização e dependência excessiva de especialistas? Alguém tem um amplo conhecimento de todos os muitos papéis e responsabilidades em sua vida?

168 **Cuidado cultural**

- Quem é responsável pela atividade ética e humana na medicina, educação ou governo? Que outros segmentos da sociedade vêm à mente? Cite uma maneira pela qual as pessoas se beneficiariam se cada uma dessas esferas fosse menos fragmentada.

- Como o impulso para a eficiência e a hiperespecialização se manifestou no mundo da arte? Você já viu a trajetória que Fujimura identifica nas artes para a comercialização e à exploração ideológica?

- Por que a diferença entre os artistas e a sociedade em geral é importante?

4. DAS GUERRAS CULTURAIS A UMA VIDA COMUM

- Cite um problema que é proeminente em nossas guerras culturais. O que uma voz que escolhe administrar em vez de vencer pode acrescentar nessa conversa?

- Fujimura diz: "A cultura não é um território a ser conquistado ou perdido, mas um recurso que somos chamados a administrar com cuidado". Pense em como funciona a gestão ambiental. Quais são alguns modelos que podem ser transferidos para apoiar a criatividade e a comunidade?

- Como a generosidade poderia agregar às conversas com os atuais combatentes da guerra cultural?

- Qual é o apelo de escolher oposição em vez de compartilhamento? O que a mudança para o compartilhamento exigiria? Como a arte poderia ajudar a facilitar essa mudança?

- O autor nos lembra de que "Destruição e dissolução são muito mais fáceis do que criação e conexão". Quais traços de caráter são exigidos naqueles que estão trabalhando para o cultivo e regeneração cultural?

5. CUIDADO DA ALMA

- Cite três problemas culturais em seu país, sua cidade ou seu bairro. O que você acha que é um anseio fundamental subjacente a cada problema?

- Você consegue identificar pessoas que são culturalmente autoconscientes e podem ver os anseios humanos sob os problemas que enfrentamos? Como essas pessoas contribuem para a conversa? Como você poderia ajudá-los ou imitá-los? Se você não consegue identificar alguém assim, pode pensar em maneiras de encorajar outras pessoas a procurar essas questões mais profundas?

Guia de discussão **169**

- Descreva um momento em que identificar e nomear a situação quebrada em sua própria vida o conduziu à beleza, integridade ou cura.

- Quando foi a última vez que você teve treinamento ou aprendizado (formal ou informal) relacionado a enxergar a beleza mais profundamente? O que foi isso?

- Que área da experiência estética você gostaria de explorar mais profundamente? O que poderia ser um primeiro passo? Considere ler um livro, fazer uma aula, assistir a uma palestra ou apresentação, ou até mesmo tomar um café com alguém que possa ajudá-lo a crescer nessa direção.

6. BELEZA COMO ALIMENTO PARA A ALMA

- Que imagens vieram à sua mente ao ler a definição funcional de beleza neste capítulo? Qual é a sua lembrança mais antiga de experimentar algo que foi um deleite para os sentidos, um prazer para a mente e um refrigério para o espírito? Pinte um quadro com suas palavras.

- Como você explicaria a diferença entre sobrevivência e florescimento?

- Você considerou o ato de criar mais beleza (gratuita) como um ato de mordomia? Como um pedido divino? Se sim, como essa crença moldou suas ações? Se não, pense em como seus dons, habilidades e recursos podem ser usados para criar beleza.

- Este capítulo cita a filósofa Elaine Scarry dizendo: "A beleza, mais cedo ou mais tarde, nos coloca em contato com nossa própria capacidade de cometer erros". O que você acha dessa afirmação?

- Como você explicaria a conexão entre justiça e beleza?

7. LIDERANÇA A PARTIR DAS MARGENS

- Você já se sentiu como se existisse à margem de um grupo? Você conhece pessoas que estão? O conceito de mearcstapa o ajudou ou lhe deu ideias sobre como contribuir com sua sociedade?

- Resuma o valor dos espreitadores-de-fronteiras. Quais são alguns dos perigos que tal papel pode trazer?

- Como os artistas podem ser espreitadores-de-fronteiras para nossa cultura?

- Você acha que os artistas são capazes de ver a humanidade comum no "outro"? Se sim, de onde vem essa habilidade? O que podemos aprender com o exemplo deles?

170 **Cuidado cultural**

- Você já encontrou pessoas que são adaptáveis em sua expressão cultural, mas comprometidas com um conjunto de convicções fundamentais? Como eles reagem a novas circunstâncias?

- O que mais falta em nossa cultura atual – adaptabilidade ou apego às crenças centrais? O que mais falta na igreja?

8. "CONTE-LHES SOBRE O SONHO!"

- O autor discute *O sol é para todos*, de Harper Lee (e em outros lugares, *O Senhor dos Anéis* de Tolkien). Você consegue pensar em outros livros, filmes, peças de teatro ou músicas que mudaram ou moldaram a cultura em que foram criados?

- Pense nas manchetes das últimas duas ou três semanas. Que pessoa ou grupo pode ser um "outro" ou um bode expiatório na cultura de hoje? No caso que você citou, qual é o medo central que alimenta o impulso por "justiça"? Como seria, nessa situação, dar um pequeno passo para longe do medo em direção ao reconhecimento de nossa humanidade comum? Pense de que maneira você poderia dar um primeiro pequeno passo.

- Cite algumas pessoas que formaram seu pensamento sobre responsabilidade social.

- O autor sugere que aqueles que querem ser reconciliadores na cultura "devem falar como crianças", ou seja, sendo "inocentes em relação ao fingimento e cheios de esperança determinada". Que outros temas ele extrai da semelhança às crianças? Você já viu pessoas que exibem essas características? Quais são os obstáculos a esses ideais?

- Por que um apelo à justiça precisa ser apresentado de forma bela?

9. DUAS VIDAS NAS MARGENS

- Você foi desafiado ou confortado por algum dos temas destacados nas histórias de vida dessas duas pessoas?

- Como era o relacionamento com a igreja para Emily Dickinson e Vincent van Gogh? Como você acha que a igreja via cada um deles?

- Qual você acha que é o relacionamento da igreja com os artistas hoje? Por quê?

10. NOSSO CHAMADO NA NOITE ESTRELADA

- O autor diz: "Nosso chamado, simplesmente como humanos – e mais ainda como seguidores de Cristo –, é mais amplo do que

Guia de discussão 171

nossa carreira e nossa sobrevivência, mesmo na era moderna". Liste quatro ou cinco substantivos que representam vários aspectos de seu chamado. Quais estão fora das categorias de carreira ou sobrevivência?

- Você já viu casos em que pessoas que não são "úteis" são exiladas do mundo "normal"? Nesses casos, alguém foi capaz de ver além da utilidade das pessoas marginalizadas para sua plena humanidade? O que aconteceu? Dê exemplos.

- Fujimura diz que "a arte, em última análise, não é 'útil'." Você concorda? Por quê? Por que isso tornaria a arte indispensável?

- Qual é a diferença entre ser um "artista cristão" (ou outro substantivo de sua escolha) e um "cristão que é um artista"? Por que Fujimura sugere que essa diferença é importante? Onde você costuma ver "cristão" sendo usado como adjetivo em vez de substantivo? Algum desses exemplos é problemático?

- Como as artes ajudam a preencher a lacuna entre prosperar e sobreviver?

11. ABRINDO OS PORTÕES

- Você já viu igrejas criarem limites rígidos com barreiras altas e portões fechados? Existem casos em que isso é apropriado? Você já encontrou situações em que um limite rígido pode indicar falta de confiança no Bom Pastor?

- Você descreveria sua criação como (1) fechada dentro do aprisco, (2) abrigada dentro do aprisco e livre para pastar em pastagens verdes ou (3) fora do portão?

- Qual das três descreveria sua filosofia sobre paternidade?

- Qual das três melhor descreve sua igreja?

- Você atualmente tem lugares fora de um aprisco seguro onde encontra grama verde – e encontra as "outras ovelhas" de Jesus, aqueles que "não são deste aprisco"? Você já reconheceu a obra do Espírito Santo nesses ambientes potencialmente desconfortáveis?

- Quais são algumas maneiras pelas quais mantemos nossos portões fechados? O que teria que mudar para ter portões abertos? Como seria para a igreja ser um lugar de volta ao lar e boas-vindas (para o bem das ovelhas dentro e fora)?

- Como o autor descreve uma comunidade saudável? Você já viu ou fez parte de uma comunidade assim? Quais são alguns adjetivos que melhor descrevem isso? Como ela abençoou o mundo mais amplo?

172   **Cuidado cultural**

12. CULTIVANDO O SOLO CULTURAL

• Quando pensamos na cultura como solo, quais atividades são de nossa responsabilidade e o que deve ser deixado para o tempo ou para Deus? O que Fujimura sugere serem "sementes"?

• Como os artefatos (peças tangíveis da cultura, como arte, música ou literatura) de culturas anteriores contribuíram para a nutrição de novas sementes em nossa cultura? Dê um exemplo ou dois.

• Como você responde ao lembrete de que vivemos sob o comando de participar da obra criativa de Deus? Quais são suas esferas de influência? Para cada uma, quais são algumas maneiras práticas pelas quais você pode participar dos propósitos criativos de Deus, estender sua arte e contribuir para a transformação da desordem?

• Como o cuidado cultural prepara o caminho para a propagação do evangelho?

• Como é ter um solo cultural saudável? Cite alguns indicadores.

• Por que o autor está pedindo uma abordagem de longo prazo, em nível comunitário e estimulante para a cultura? O que ele prevê que pode se desenvolver a partir de dons humanos devidamente canalizados?

• O que Fujimura vê como as desvantagens de uma abordagem de "estufa" para o cultivo?

13. ESTUÁRIOS CULTURAIS

• Fujimura diz que os estuários estão menos focados na proteção e mais na preparação. Como esse modelo poderia se aplicar à amizade? À paternidade? À igreja?

• Você acha o modelo do estuário esclarecedor ou confuso? Você ou os artistas que conhece são mais como ostras ou salmões, ou algo totalmente diferente?

• O autor menciona brevemente vários exemplos históricos do conceito de estuário. Você conhece algum deles? Você pode tirar lições deles que possam se aplicar ao seu contexto atual?

• Explique os cinco passos que Fujimura lista para fornecer suporte prático para que os artistas sejam mais gerativos do que transgressores:

• "Podemos delegá-los e então formá-los, treiná-los, comissioná-los e apoiá-los." Qual destes é mais vivido em sua comunidade? Como isso se dá?

Guia de discussão   173

- Considerando seus recursos, tempo e dons, onde você mais provavelmente se encaixa para se tornar parte (ou mais profundamente envolvido) no processo de apoio aos artistas?

14. GUARDIÕES DO CUIDADO CULTURAL

- O autor diz que o cuidado cultural exige sacrifício. Como esse sacrifício se parece para você?

- Qual é a sua lembrança mais antiga de estar conectado ou movido pela arte, música, dança, teatro ou histórias? Reserve alguns minutos para compartilhar a cena em detalhes.

- Fujimura sugere que a medição do sucesso é geracional, não em eficiência. Como podemos sustentar nossos esforços por um período de tempo tão longo? Essas métricas estão inerentemente em conflito? Por que sim, ou por que não?

- Como seria o cuidado cultural se manifestando na vida de nossos filhos?

15. CUIDADO EMPRESARIAL

- Você consegue pensar em dois ou três catalisadores criativos de sua comunidade? Descreva seu envolvimento no cuidado cultural.

- Nomeie barreiras para a formação de uma união entre o mundo dos negócios e as pessoas criativas. Qual é um passo que poderia ajudar a superar essas barreiras?

- Como você poderia convidar empresários para essa discussão?

- O capítulo inclui um gráfico que ilustra o "capitalismo reumanizado", que sugere que qualquer movimento precisa de três tipos de capital. Em sua comunidade, qual desses três elementos é mais forte? Mais fraco? Como você pode fortalecer o elemento mais fraco?

- Qual é a diferença entre sustentável e gerativo?

16. CONSELHOS PRÁTICOS PARA ARTISTAS

- Como Fujimura distingue o modo de sobrevivência de um caminho gerativo quando os artistas estão lutando para ganhar a vida?

- Quais são as implicações práticas de investir recursos (tempo, dinheiro, presentes) na criação de efeitos cascata que podem durar quinhentos anos, em vez de uma experiência imediata? Qual seria o teste decisivo para seus investimentos?

174 **Cuidado cultural**

- Você experimentou portas fechadas ao longo do caminho em direção ao seu chamado? Como você descreveria sua postura diante desses desafios? Você conseguiu manter uma perspectiva positiva o suficiente para perseverar na adversidade?
- Você concorda com a distinção feita entre um "caminho fácil" e um "caminho abundante"?

17. CULTIVANDO NOSSO SOLO CULTURAL NA ERA DA ANSIEDADE

- Você concorda que o cuidado cultural pode realmente salvar vidas? Como poderia fazê-lo em seu contexto?
- Qual é a diferença entre "terreno comum" e "vida comum"?
- Que exemplos você conhece de pessoas que trabalham juntas em prol da vida comum, apesar das diferenças marcantes?
- O autor afirma que, assim como as abelhas, "os artistas têm fama de serem difíceis de lidar e até tóxicos para o grupo" e muitas vezes estão isolados das comunidades. Você já viu isso acontecendo? Quais são os efeitos para os artistas e as comunidades?
- Como a arte e os artistas podem ser mais integrados às realidades da vida de todas as pessoas em vez de serem isolados e elitistas?

18. NOVOS VOCABULÁRIOS, NOVAS HISTÓRIAS

- Você tem um grupo que pode se tornar um estuário cultural, um microcosmos de cuidado?
- Pense nas conversas que você teve no ano passado. Você participou de algum conflito no contexto de guerra cultural ou utilizou o vocabulário das guerras culturais? Como você pode abordar uma conversa semelhante depois de passar um tempo com os princípios do cuidado cultural?
- Ao ler o livro, que princípio o afetou mais? Que pensamentos ou ideias foram despertados?
- Pelo que você anseia em sua vida? Em sua comunidade? Igreja? Local de trabalho?
- Que relação a beleza tem com esses anseios?

19. E SE?

- Escolha três ou quatro perguntas da lista e as responda. Escreva em um diário. Esboce uma imagem. Crie algo tangível que marque esse ponto ao longo de sua jornada.

UM POSFÁCIO GRATUITO

- Considere algumas das histórias da vida do autor mencionadas neste livro. Ele trabalha em comunidade e defende um papel público para a arte, mas aqui ele fala sobre o trabalho feito sozinho e em segredo. Existe uma conexão entre o trabalho secreto e o conceito de cuidado da alma apresentado anteriormente?

- Você já pensou em "criar em segredo"? Que valor você poderia ver em fazer isso? Seja você um artista praticante ou não, pense no que você pode começar a fazer em segredo para participar e estender a criatividade gratuita de Deus. Que passos você vai dar? Que sacrifícios você deve fazer?

Este livro foi impresso em 2024, pela Lisgrafica,
para a Thomas Nelson Brasil. A fonte usada
no miolo é Calluna corpo 10,5 pt.
O papel do miolo é pólen bold 70g/m².